# kafka

## 아버지에게 드리는 편지
Brief an den Vater

제1판 제1쇄 발행_1999년 9월 16일
제1판 제9쇄 발행_2024년 7월 1일

지은이_프란츠 카프카
옮긴이_이재황
펴낸이_이광호
펴낸곳_㈜문학과지성사
등록번호_제1993-000098호
주소_04034 서울 마포구 잔다리로7길 18(서교동 377-20)
전화_02)338-7224
팩스_02)323-4180(편집) 02)338-7221(영업)
전자우편_moonji@moonji.com
홈페이지_www.moonji.com

한국어판 ⓒ 이재황, 1999. Printed in Seoul, Korea

ISBN 89-320-1102-8

이 책의 판권은 옮긴이와 ㈜문학과지성사에 있습니다.
양측의 서면 동의 없는 무단 전재 및 복제를 금합니다.

# kafka

프란츠 카프카 / 이재황 옮김

아버지에게 드리는 편지

문학과지성사

프란츠 카프카는 이 '편지'를 1919년 11월 체코의 셸레젠Schelesen에서 썼다. 그곳은 프라하 북쪽 엘베 강 근처의 작은 마을로 카프카는 이듬해 봄까지 슈튀들Stüdl이라는 이름의 하숙집에 머물렀다. 그의 나이 36세 때로 죽기 5년 전의 일이었다. 본래 이 글은 제목대로 수신인인 그의 아버지에게 보내기 위한 의도에서 쓰여진 것이었으나 실제로는 보내지 않았기 때문에 편지로서의 기능은 하지 못한 셈이다. 원고는 카프카 자신이 타자기로 작성했고 손으로 교정을 보았다. 쪽당 평균 34줄의 타자 용지로 대략 45쪽 분량이었다.

차례

아버지께 이 글을 올립니다 9

옮기고 나서 164

주 171

아버지께 이 글을 올립니다

전에 언젠가 제게 물어보셨지요, 어째서 제가 아버지한테 두려움을 갖고 있다는 말을 하느냐구요. 그때 저는 여느 때처럼 아버지께 무슨 대답을 드려야 할지 몰랐습니다. 한편으론 제가 아버지한테 느끼는 그 두려움 때문이었구요, 또 한편으론 그 두려움의 근거를 설명해드리기엔 구구한 내용들이 너무 많아서 말로는 어느 정도나마 알아들으실 수 있게 잘 간추려 말씀드릴 수가 없었기 때문입니다. 그래서 이렇게 글로 대답을 드리고자 하는데 그것도 온전하게 되기는 어려울 듯합니다. 왜냐하면 글을 쓰는 동안에도 두려움과 그 여파가 아버지께로 향하는 제 마음을 가로막을 것만 같고 이야기해드릴 내용의 크기가 너무 커서 제 기억력과 제 이성으로는 도무지 감당할 수가 없을 것 같기 때문입니다.

아버지는 문제를 늘 매우 단순하게만 보아오셨지요. 아버지가 지금까지 제 앞에서나 다른 많은 사람들 앞에서 이야기해오신 바로는 적어도 그렇습니다. 아버지가

카프카의 아버지 헤르만 카프카(**1852~1931**)

보시기에 가령 아버지 자신은 평생을 죽도록 일만 하셨고 자식들을 위해, 특히 저를 위해서라면 모든 것을 희생해오신 거겠지요. 거기에 비하면 저는 그야말로 '개 망나니'로 살았고, 원하는 것은 뭐든 다 배울 수 있을 만큼 남 부럽지 않은 자유를 누려왔고, 먹을 것 걱정만이 아니라 걱정이라곤 아예 해보지도 않고 자란 거겠구요. 그러면서 아버지께선 한번도 그에 대한 감사의 보답을 요구하신 적이 없었지요. 아버진 부모에 대한 '자식들의 감사'라는 걸 잘 알고 계시면서도 최소한 그 어떤 동의라든가 공감의 표시조차 요구하신 적이 없으셨습니다. 그 대신에 저는 오래 전 언젠가부터 아버지를 피해 다녀야 했지요. 제 방안으로, 책 속으로, 좀 정신나간 친구들한테로, 터무니없는 이념들 쪽으로 말이에요. 저는 아버지와 한번도 솔직하게 터놓고 이야기를 나누어본 적이 없었지요. 아버지가 사원[1]에 계시면 그 안에는 발을 들여놓지도 않았고, 프란첸스바트[2]에 가 계셨을 때에도 한번 찾아뵌 적이 없었지요. 평소에도 저는 본래 가족에 대한 애착이라곤 가져본 적이 없었고, 아버지가 하시는 사업과 그 밖의 다른 일에 대해선 마음을 써본 적도 없었습니다. 공장 일을 아버지한테만 내맡겨두고는 아버지를 버리고

프란첸스바트

떠나버렸지요. 오틀라[3]가 아버지의 뜻을 어기고서 자기 고집대로만 하려고 했을 때에도 저는 그애의 편을 들었지요. 그러니 저란 놈은 아버지를 위해서라면 손가락 하나 까딱 하지 않으면서도(연극표 한 장 갖다드리는 일조차 없으니까요.) 친구들을 위해서라면 무슨 일이든 마다 하지 않는 놈입니다. 아버지께서 저에 대한 당신의 생각을 요약해보신다면 저를 무례하다거나 몹쓸 녀석이라고는 하시지 않더라도(아마도 최근의 제 결혼 결심[4]에 대해서만은 예외겠지만), 차갑고 낯설고 배은망덕한 놈이라고 비난하실 테지요. 그러면서 저의 그런 점이 마치 제 잘못이라는 듯이, 그리고 제가 마음을 조금만 고쳐먹었더라면 만사를 다르게 해나갈 수도 있었을 거라는 듯이 말이에요.

아버지의 그런 평소의 생각을 저는 그저 그르지 않다고 생각할 따름입니다. 그래서 저도 아버지와 제가 이렇게 멀어지게 된 것이 결코 아버지의 탓이라고는 생각지 않습니다. 하지만 마찬가지로 저 역시 책임은 전혀 없습니다. 만일 제가 아버지께서 그 점을 인정하시도록 할 수만 있다면, 새로운 삶은 불가능하더라도─그러기엔 우리 둘 다 이미 너무 나이가 들었지요─일종의 평화가

올 수는 있을 겁니다. 갈등이 아주 그치지는 않을 테지만 그칠 날 없는 아버지의 책망은 누그러질 수 있겠지요.

 제가 말씀 드리고자 하는 바에 대해 아버지께서는 신기하게도 이미 어떤 예감을 갖고 계십니다. 그래서 예컨대 아버진 제게 얼마 전 이렇게 말씀하셨지요. "나는 언제나 너를 좋아해왔단다. 겉으로는 다른 아버지들이 하는 것처럼 너를 그렇게 잘 대해주지는 못했더라도 말이다. 왜냐하면 나는 다른 사람들처럼 내 자신을 위장할 수가 없기 때문이란다." 아버지, 이제 와서 보면 저는 저에 대한 아버지의 애정을 한번도 의심해본 적이 없습니다. 하지만 그때의 그 말씀은 옳지 않았던 것 같습니다. 아버지가 자신을 위장할 수 없는 분이라는 건 옳은 말씀입니다만, 단지 그런 이유에서 다른 아버지들은 자신을 위장하고 있는 거라고 주장하신다면 그건 더 이상 왈가왈부할 필요도 없는 순전한 독선이거나, 아니면—제 생각으로는 이쪽이 더 사실일 것 같은데—아버지와 저 사이엔 무언가가 잘못되어 있으며 아버지의 책임만은 아니더라도 그렇게 된 데에는 아버지께서도 어느 정도 일조를 하셨다는 것에 대한 은폐된 표현이거나 이 둘 중의 어느 한쪽일 겁니다. 아버지께서 정말로 후자(後者)의 뜻

1883년 7월 3일 카프카가 태어난 집('춤 투름 Zum Turm' 건물)

으로 말씀하신 거라면 우린 서로 의견이 통한 겁니다.

제 말씀은 물론 제가 아버지의 영향을 통해서만 지금의 제가 되었다는 말을 하고 있는 게 아닙니다. 그렇게 말한다면 그건 매우 과장된 말일 겁니다(그런데 저는 왠지 그렇게 말하고 싶은 마음이 들기도 합니다). 만일에 아버지의 영향을 전혀 받지 않고 자랐다 하더라도 저는 아버지의 마음에 드는 아들이 될 수 없었을 가능성이 매우 큽니다. 저는 아마도 역시 허약하고, 소심하고, 우유부단하고, 불안한 사람이 되었을 거예요. 로베르트 카프카도 카를 헤르만[5]도 아닌, 하지만 지금의 저와는 전혀 다른 사람이 되었을 겁니다. 그래서 아버지와 저는 서로 마음이 썩 잘 통하는 사이가 될 수 있었을 테지요. 아버지를 친구나 사장님쯤으로, 삼촌이나 할아버지쯤으로, 아니면 (이건 좀 주저스럽긴 하지만) 장인어른쯤으로 알고 지냈다면 전 행복했을 겁니다. 아버지가 바로 아버지일 때에만 아버지는 저한테 너무 강한 분이셨습니다. 특히 남동생들은 어려서 죽고 여동생들은 한참 뒤에야 태어났기 때문에 처음 겪게 되는 충격은 전적으로 저 혼자만의 몫이었고 그러기엔 제가 너무도 약한 아이였습니다.

1세 때의 카프카

2세 때의 카프카
(30년 후쯤 카프카는
이 사진을 자신의 약혼녀
펠리체 바우어에게 보낸다.)

아버지와 저를 한번 비교해보세요. 한마디로 말해 저는 카프카 가문의 바탕에 뢰비 가문[6]의 피가 섞인 사람이지요. 그런데 저의 행동은 카프카 가문의 특성이라 할 강한 생활력, 왕성한 사업욕, 끊임없는 정복 의지보다는 뢰비 가문의 자극적인 피에 의해 좌우되고 있는 편입니다. 그 자극은 제게 더 은밀하고, 더 수줍게, 그리고 아주 다른 방향으로 작용하고 있지요. 그러다가 종종 멈추기도 하구요. 반면에 아버지는 힘, 건강, 식욕, 목소리, 언변, 자기 만족, 자부심, 끈기, 순발력, 이해심 그리고 어느 정도의 아량 등, 어느 모로 보나 영락없는 카프카 집안 사람이십니다. 물론 그런 장점들에 따르게 마련인 결점과 약점들도 두루 갖추고 계시지만 말이에요. 격정적이고 때론 불끈거리시는 성품 때문에 아버지는 그런 결점과 약점들을 쉽게 드러내시곤 하지요. 그런데 아버지는 아마도 세상을 바라보는 일반적인 눈에 있어서는 전적으로 카프카 집안 사람만은 아니십니다. 아버지를 필립 삼촌이나 루드비히 삼촌, 아니면 하인리히 삼촌[7]과 비교해볼 수 있는 한에서는 적어도 그렇습니다. 그건 이상한 일입니다. 제가 잘못 보고 있는지도 모르지요. 하지만 삼촌들은 모두가 아버지보다는 더 유쾌하고, 더 활기 있

아버지의 맏형인 필립 삼촌

고, 더 자연스럽고, 더 서글서글하고, 덜 엄격하신 편입니다(그 점에서 그런데 저는 아버지로부터 많은 것을 물려받은 것 같습니다. 그리고 물려받은 그 성격을 너무도 잘 고스란히 보존해왔지요. 다만 아버지처럼 그것과 균형을 이룰 만한 반대의 성격들을 받아들여 제 자신의 또 다른 부분으로 키우지는 못한 채로 말이에요). 하지만 이와 관련하여 다른 한편으로 보자면 아버지께서는 또한 숱한 세월 동안 온갖 고비와 역경을 이겨내며 살아오신 분이기도 합니다. 그래서 자식들이, 특히 제가 아버지를 실망시켜드리고 집안 분위기를 침울하게 만들기 전까지는 아버진 아마도 더 유쾌하신 분이셨을 겁니다(제가 모르는 분들이 놀러 오셨을 때면 아버지는 다르셨으니까요). 그리고 아버지는 이제 다시 예전처럼 더 유쾌하시게 된 것 같습니다. 그 동안 자식들이 ─ 아마도 발리[8]는 빼야겠지요 ─ 보여드리지 못한 예전의, 저 뭐랄까, 따뜻한 정 같은 것을 이제 손자들과 사위가 아버지한테 다시 안겨드리고 있으니까요. 아무튼 아버지와 저는 그렇게 달랐고, 다르다는 점에서 서로에게 위험했습니다. 그래서 만일 조금씩 느릿느릿 성장하고 있는 아이로서의 저와 이미 장성하신 어른으로서의 아버지가 가령 서로를

카프카의 여동생들(왼쪽부터 발리, 엘리, 오틀라)

대하는 자세가 어떠할지를 미리 예측해보고자 했더라면, 아버지는 나를 간단히 눌러버릴 것이고 내가 가진 것이라곤 아무것도 없다는 것을 충분히 짐작할 수 있었을 텐데 말입니다. 그건 지금의 생각일 뿐이고, 또한 살아가는 것을 예측할 수는 없는 일이지요. 어쨌든 결과적으로는 더 안 좋은 일이 일어난 것 같습니다. 그런데 아버지께 계속 당부드립니다만 제가 아버지 쪽에 책임이 있다고 생각하는 건 결코 아니라는 점을 잊지 말아주세요. 아버지께서는 저한테 어쩔 수 없이 그럴 수밖에 없는 방식대로 해오셨습니다. 그렇게밖에는 달리 무슨 방도가 없으셨을 테지요. 다만 제가 아버지의 영향에 그저 굴복해온 것이 제 쪽에 무슨 특별한 악의가 있어서 그런 것이라고는 생각지 말아주세요.

저는 소심한 아이였습니다. 그러면서도 분명 저 역시 여느 아이들처럼 말을 잘 듣지 않는 아이였지요. 확실히 어머니께서 제 버릇을 잘못 들이신 탓도 있지만, 그렇다고 제가 특별히 다루기 어려운 아이였다고는 생각지 않습니다. 또한 다정한 말 한마디, 조용히 잡아주는 손길, 한번의 따뜻한 눈빛만으로는 어른이 원하는 대로 고분고분 다 따라주지는 않았을 아이였다고도 생각지 않습

5세 때의 카프카

니다. 근본적으로 아버지께서는 관대하고 부드러운 분이시지요. (다음의 말이 그것과 어긋나는 말은 아닐 겁니다. 저는 단지 아버지께서 아이를 대해오신 모습에 대해서만 말하고 있을 뿐이니까요.) 하지만 어느 아이나 다 어른이 관대하게 대해줄 때까지 꾹 참고서 이리저리 궁리할 줄 아는 끈기와 담대함을 지니고 있지는 않습니다. 아버지께서는 아이를 아버지 자신이 겪으신 대로만 다룰 줄 아시지요. 완력을 쓰시고, 고함을 지르시고, 버럭 화를 내시면서 말이에요. 더군다나 그렇게 하는 것이 아버지한테는 또한 매우 합당한 것으로 보이셨겠지요. 왜냐하면 아버지는 저를 강하고 용감한 소년으로 키우려고 하셨으니까요.

제가 아주 어린 나이였을 때 아버지의 교육 방법이 과연 어떠했을까에 대해 지금은 물론 생생하게 묘사할 수는 없지만, 나중에 있었던 일과 아버지가 펠릭스[9]를 다루시는 모습으로부터, 말하자면 유추를 통해 상상해볼 수는 있습니다. 그럴 때 분명히 고려해야 할 점은 당시에 아버지는 더 젊으셨고, 따라서 지금보다 더 기운이 넘치셨고, 활달하셨고, 원초적이셨고, 거리낌이 없으셨다는 것입니다. 또한 아버지는 전적으로 사업에만 몰두하셨던 터라 하루에 한 번 정도도 제 앞에 나타나시기가 어려운 형편이었기 때문에 그만큼 저한테 더욱 깊은 인상을 남기셨고 그 인상이 습관 속에 묻혀 희미해지는 일은 거의 없었다는 것입니다.

    그 시절에 있었던 한 가지 일만은 제가 아직도 뚜렷하게 기억하고 있습니다. 아버지께서도 아마 기억나실 겁니다. 어느 날인가 제가 한밤중에 일어나 물을 달라고 계속 칭얼대며 징징거린 적이 있었지요. 분명 목이 말라서는 아니었고 다분히 한편으론 아버지·어머니의 화를 돋우기 위해서, 또 한편으론 그냥 이야기가 하고 싶어서였던 것 같아요. 몇 차례 호된 위협을 퍼부었으나 소용이 없자 아버지는 저를 침대에서 들어내 파블라취[10]로 끌고 나가 그곳에 저를 한동안 속옷 바람으로 혼자 세워두셨지요. 아버진 그 동안 문을 닫아걸고 들어가 계셨구요. 지금에 와서 그 일이 옳지 않은 처사였다는 말을 하려는 게 아닙니다. 아마 당시에 밤잠을 주무시기 위해서는 사실 다른 방도가 없으셨을 거라고도 생각됩니다. 그런데 제가 이 이야기를 꺼내는 것은 아버지의 교육 스타일과 그것이 저에게 미쳤던 영향을 단적으로 보여드리기 위해섭니다. 아마 그 후 저는 곧 고분고분해졌겠지요. 하지만 그로 인해 저는 내면의 상처를 갖게 되었습니다. 한밤중에 물을 달라고 졸라댄다는 것이 터무니없게도 보이지만 저로서는 너무도 당연한 일이었다는 것, 그리고 그만한 일로 집 밖으로 내쫓겨야 한다는 것이 참으로 끔찍한 일이었는다는 것, 저로서는 이 두 가지를 어떻게 연결시켜야 할지를 몰랐습니다. 그로부터 몇 년이 지나고 나서까지도 저는 고통스러운 관념 속에 시달려야 했습니다. '어느 날 밤 거인의 모습을 한 아버지가 느닷없이 최후의 심판관이 되어 나타나서는 나를 침대에서 들어내 파블라취로 끌고 나갈 수도 있다, 그만큼 나란 존재는 아버지한테 아무것도 아닌 존재이다' 라는 관념이었지요.

　당시에 이건 작은 시작에 불과했습니다. 그런데 수시로 나를 지배하던 그 '아무것도 아닌 존재' 라는 감정은 (또 어떻게 보면 값지고도 유익한 감정이기도 했지만) 다분히 아버지의 영향에서 비롯된 것입니다. 저한테는 약간의 격려와 약간의 따뜻한 정, 그리고 제 길을 조금 열어두는 정도면 되었을 텐데 아버지께선 오히려 제 길을 가로막으셨지요. 물론 너는 다른 길을 가야 한다는 좋은 뜻에서였겠지만 말입니다. 하지만 저는 아버지가 원하시는 그 길에는 적합치 않은 아이였습니다. 예를 들어 제가 제법 절도 있게 경례를 붙이고 씩씩한 걸음을 걸어 보일 때면 아버진 저한테 잘한다고 격려해주셨지요. 하지만 저는 군인이 될 아이가 아니었습니다. 또는 제가 왕성하게 식사를 하거나 곁들여 맥주까지도 마실 수 있을 때면, 혹은 무슨 뜻인지도 모르는 노래를 따라 부른다거나 아버지가 즐겨 쓰시던 상투적인 말들을 똑같이 흉내낸다든가 할 때에도 역시 아버진 저를 칭찬해주셨지요. 하지만 그 어느 것도 저의 미래와는 무관한 것들이었습니다. 그런데 특이한 것은 요즈음도 간혹 아버지께서는 제게 힘을 북돋워주실 때가 있다는 점입니다. 그건 아버지 자신도 더불어 해를 입으시게 되는 때인데,(예컨대 저의 결혼 결심으로 인해) 제가 아버지의 자존심을 상하게 해드린다거나 또는 (예컨대 페파"가 저를 욕할 때) 제 내면 속에 자리잡고 있는 아버지의 자존심이 상처를 입게 되는 경우가 바로 그런 때입니다. 그럴 때면 저는 힘이 나고, 제 가치를 새롭게 느끼게 되고, 제가 맡아야 할 역할을 깨닫게 되지요. 그렇게 되면 이번에는 페파 쪽에서 완전히 죄인이 되지요. 하지만 지금 이 나이에 새롭게 무슨 힘을 얻는다 한들 그걸 어떻게 다루어야 할지도 막연할 뿐더러, 저와는 직접 상관이 없는 경우에만 그런

여동생 발리와 요제프 폴락(페파)의 결혼 사진

힘을 얻게 되니 그게 저한테 무슨 소용이 있겠어요?

당시에는 어디에서건 그런 힘을 얻어야만 했습니다. 단지 아버지의 그 우람한 체격만으로도 저는 그만 기가 질려버리곤 했으니까요. 그 한 예로 아버지와 제가 종종 같은 수영장 탈의실 안에서 함께 옷을 벗었던 기억이 납니다. 저는 깡마르고, 허약하고, 홀쭉했고, 아버지는 강하고, 크고, 어깨가 떡 벌어지신 체격이었지요. 탈의실 안에서부터 이미 저는 제 자신이 초라하게 여겨졌었지요. 아버지 앞에서만이 아니라 온 세상 앞에서 말입니다. 왜냐하면 아버지는 제게 세상 모든 사물들의 척도이셨으니까요. 그리고서 우리가 탈의실을 나와 사람들 앞으로 나설 때면 저는 몹시 절망적이었습니다. 아버지의 손을 잡고서 저는 작고 앙상한 뼈대를 드러낸 채 나무 바닥 위에 맨발로 불안하게 서 있었지요. 저는 물이 두려웠고 아버지가 제게 보여주시는 수영 동작들을 제대로 따라할 수 없었습니다. 아버지께서는 물론 별다른 뜻 없이 그저 잘 가르쳐주시기 위한 생각에서 제게 그 동작들을 끊임없이 해보이셨지만 그것이 잘되지 않던 저로서는 얼마나 깊은 수치감을 느껴야 했던지요. 저는 다시 절망적이었고 그럴 때면 안 좋았던 과거의 온갖 경험들이 한꺼번에

카프카가 어렸을 때 아버지와 함께 다녔던
몰다우 강변의 '시민 수영 학교'

떠올라 서로 멋진 조화를 이루는 것이었어요. 가끔 아버지가 먼저 옷을 갈아입고 나가신 후 저 혼자 탈의실에 남게 되어 사람들 앞에 나서는 공포의 순간을 조금이나마 늦출 수 있게 되었을 때면 저는 그지없이 행복했습니다. 물론 그 행복감은 결국 아버지가 다시 돌아오셔서 저를 탈의실 밖으로 끌고 나가실 때까지였지요. 아버지께선 당시 저의 난감한 사정을 눈치채지 못하신 것 같았고 그 점에 대해 저는 아버지한테 감사한 마음까지 들었지요. 또한 저는 아버지의 번듯한 신체가 자랑스럽기도 했답니다. 그런데 아버지와 저 사이의 이런 차이는 지금도 여전히 비슷하게 계속되고 있는 것 같습니다.

그에 따라 아버지의 정신적 지배도 계속되었지요. 아버지는 혼자 힘으로 출세하신 분답게 자신의 생각에 대해 무한한 신뢰를 갖고 계셨습니다. 그것이 아이인 저한테는 나중에 청년이 되어서 받았던 것만큼 그렇게 눈부신 인상을 주지는 못했습니다. 아버지께서는 팔걸이 의자에 앉으셔서 세상을 호령하셨지요. 아버지의 의견은 언제나 옳으셨고, 다른 사람들의 의견은 모두 다 정신나간 것이고, 터무니없고, 엉뚱하고, 정상이 아닌 것이었지요. 아버지의 자신감은 너무나 커서 끝까지 고집부리지 않으셔도 될 일에도 아버진 끝내 자신의 말이 옳음을 주장하셨습니다. 어떤 문제에 있어서 아버지는 전혀 아무런 의견도 없으셨지만 그로 인해 그 문제에 대한 다른 사람들의 의견은 죄다 틀린 것이 되어야 하는 경우도 생길 수 있었습니다. 예를 들어 아버지는 체코인들을 욕하다가 독일인들도 욕하고 유대인들도 욕하셨지요. 선별적으로만이 아니라 무차별적으로 욕을 퍼부으셨지요. 그러다 보면 마지막엔 아버지 자신 이외에는 아무도 남지 않았습니다. 제가 보기에 아버지는 역사상의 모든 폭군들이 그랬던 것처럼 어떤 수수께끼 같은 면모를 지니시게 되었습니다. 적어도 저한테는 그렇게 보였지요. 그들은 자신의 권리가 어떤 사상에서 비롯된 것이 아니라 그 개인의 탁월함에서 비롯된 것이라 여겼던 자들이었으니까요.

 아버지께서는 저에 대해 사실 놀라울 정도로 자주 옳은 말씀만 하셨습니다. 대화를 나누어보면 그건 너무도 명백했지요. 하지만 대화가 이루어진 적은 거의 없었습니다. 정말이지 거의 없었지요. 그런데 그 점 또한 특별히 이해 못할 일은 아니었습니다. 저는 제 모든 생각에서 아버지의 심한 압박을 받고 있었으니까요. 아버지의 생각과 일치하지 않았던 생각의 경우에도 마찬가지였고 오히려 어떤 때는 특히 심한 압박을 받았지요. 아버지한테 매여 있는 것으로 보이는 이 모든 생각들은 아예 처음부터 아버지의 부정적인 판결이 내려질 것을 각오해야 하는 부담을 안고 있었던 거지요. 그러니 무슨 생각이든 그것을 온전하게 지속적으로 실행에 옮기기까지 내내 그런 부담을 견뎌낸다는 것은 거의 불가능했습니다. 저는 지금 무슨 대단한 사상에 대해서가 아니라 어린 시절 아이들이 꾀하는 온갖 하찮은 생각들에 대해 말씀드리고 있는 겁니다. 그 시절엔 무슨 일이건 그 일로 행복할 수 있기만 하면 되었지요. 그리고 그 일에 대한 생각으로 가슴이 부풀어서는 집에 와서 그것을 털어놓지 않고는 못 배겼지요. 그러면 조소 섞인 한숨을 짓는다든가, 고개를 가로젓는다든가, 손가락으로 탁자를 탁탁 두드리는 것이 그에 대한 대답이었습니다. 그리곤 "난 그보다 더 멋진 걸 본 적이 있다"라든가 "내 머린 그렇게 한가롭지가 않아" 혹은 "그건 전에도 했던 이야기했잖아" "그런 건 다 쓸데없는 생각이야!" "또 이 무슨 해괴한 일이냐!" 하는 등의 말이 뒤따랐지요. 물론 아버지한테 시시한 애들 일에 대해 일일이 감동해주시기를 기대할 수는 없었지요. 아버진 늘 근심과 걱정 속에 파묻혀 사셨으니까요. 그런

건 문제가 되지도 않았습니다. 오히려 문제는 저와는 상반된 아버지의 성격으로 말미암아 아버지께서는 자식에게 늘 근본적으로 그런 실망을 안겨주지 않을 수 없었다는 점이었습니다. 나아가 갈등이 쌓여감에 따라 아버지와 자식간의 그런 대립은 계속 심화되어 나중엔 아버지가 일단 저와 같은 의견일 때에도 거의 습관적으로 나타나게 되었다는 것, 그리고 아이로서 제가 겪었던 그런 실망은 평범한 생활 속에서의 실망이 아니라 모든 일을 좌우하는 아버지의 권위적인 성품에 대한 것이기 때문에 그 핵심을 겨냥한 것이었다는 것이 중요한 점이었습니다. 용기나 확신, 단호한 의지, 이러저러한 일에서의 기쁨은 아버지가 그것에 반대를 하시거나 아버지의 반대가 그저 예상되기만 해도 얼마 못 가서 그만 멈추어버리곤 했지요. 제가 하는 일이 무슨 일이건 아마도 거의 모든 경우에서 아버지의 반대가 예상될 수 있었지요.

아버지의 반대는 생각에 대해서건 사람에 대해서건 무차별적이었습니다. 제가 어떤 사람에게 약간의 관심만 보여도—제 성격상 그런 일은 별로 흔한 일이 아니었지만—아버지께서는 제 감정은 전혀 아랑곳하시지 않고 제 생각도 아예 무시하신 채 욕설과 비방, 인격 모독의 말을 퍼부으시며 간섭하셨지요. 예를 들어 유대인 독일어[12] 연극 배우인 뢰비[13]처럼 티없이 맑고 순수한 사람들까지도 그런 수모를 당해야 했습니다. 그를 알지 못하시면서도 아버지는 제가 지금은 기억할 수 없는 어떤 섬뜩한 말들로 그를 독충과 비교하셨지요. 그리고 제가 아꼈던 사람들에 대해선 번번이 그러셨듯이 아버지는 그때에도 역시 거의 자동적으로 개와 벼룩의 속담[14]을 꺼내셨지요. 연극 배우인 그에 대해 저로서는 특별한 기억이 있습니다. 그 당시 그를 가리켜 아버지가 하신 말들에 대해 저는 일기에다 이렇게 적어두었기 때문이지요. "아버지가 (전혀 알지도 못하는) 내 친구에 대해 그렇게 말씀하시는 것은 오로지 그가 내 친구라는 이유 때문이다. 아버지가 앞으로 나한테 부모에 대한 자식으로서의 애정과 감사하는 마음의 부족을 탓하실 때마다 나는 아버지한테 오늘의 그 일을 반론으로 제기할 수 있을 것이다." 아버지가 이처럼 자신의 말과 생각으로 제게 얼마나 큰 고통과 치욕을 안겨줄 수 있는지에 대해 어쩌면 그토록 철저히 무감각하실 수 있는지, 그 점이 제게는 늘 불가해한 것이었습니다. 마치 아버지는 자신의 위력을 전혀 아시지 못하는 듯했습니다. 분명히 제 쪽에서도 종종 말로써

유대인 독일어 연극 배우
이츠하크 뢰비

아버지의 마음을 상하게 해드릴 때도 있긴 했지요. 하지만 그러고 나면 저는 곧 그것을 알았고 그 일로 늘 괴로워했지요. 저는 제 마음을 다스릴 수가 없었고 말을 억제할 수 없었습니다. 그래서 그것을 말하는 동안 어느새 저는 그 일을 후회하곤 했지요. 하지만 아버지는 말로써 상대방을 가차없이 내리치셨고 누구에 대해서도 동정하시는 법이 없었지요. 말을 하시는 동안에도, 말을 하시고 나서도. 그럴 때 아버지한테 저항할 수 있는 사람은 아무도 없었습니다.

그런데 아버지의 교육은 전부 다 그런 식이었지요. 제 생각에 아버지는 교육에 재능이 있으신 분입니다. 아버지의 방식에 맞는 아이한테 아버지의 교육은 확실히 유익할 수 있었을 테니까요. 그런 아이라면 아버지가 말씀하시는 뜻을 금방 깨닫고는 더 이상은 마음을 쓰지 않고 묵묵히 그저 하라는 대로만 했을 겁니다. 하지만 아버지가 제게 소리치셨던 모든 말들이 아이인 저한테는 마치 하늘의 명령과도 같았지요. 그래서 저는 그 말들을 결코 잊지 않았습니다. 그 말들은 제게 세상을 판단하고, 무엇보다 아버지 자체를 판단하는 가장 중요한 수단이 되었고, 그 결과 아버지는 완전히 허탕을 치시고 만 셈이었지요. 어려서 제가 아버지와 함께 자리를 했던 때는 주로 식사할 때였으므로 아버지의 가르침은 대부분 식탁에서의 올바른 행실에 관한 것이었습니다. 그에 따라 식탁 위에 오른 것은 남김없이 먹어치워야 했고 식사의 질을 이야기해서는 안 되었지요. 하지만 아버지께서는 자주 음식이 형편없다고 여기시고는 차려진 음식을 가리켜 짐승의 "먹이"라고 하셨고 "짐승 같은 것"(가정부)이 음식을 그렇게 엉망으로 만들어놓았다고 하셨지요. 아버지는 왕성한 식욕과 특별한 식성을 지니셔서 모든 음식을 걸신들린 사람처럼 허겁지겁 정신없이 드셨기 때문에 아이들도 함께 서두르지 않으면 안 되었지요. 식탁에는 무거운 정적이 감돌았고 그 정적은 아버지가 간간이 던지시는 경고와 재촉의 말들, "먼저 먹기나 하고, 이야기는 나중에 해!" "자 빨리빨리, 더 빨리!" 혹은 "자 봐라, 난 벌써 다 먹었다"와 같은 말들로 깨어지곤 했습니다. 뼈다귀는 깨물어 먹어서는 안 되었는데 아버지는 아니셨죠. 식초도 훌쩍거리는 소리를 내며 먹어서는 안 되었지만 아버지는 역시 예외였습니다. 빵을 똑바로 자르는 것은 무엇보다 중요한 일이었지만 아버지께서 소스가 잔뜩 묻은 칼로 빵을 자르는 것은 문제가 되지 않았습니다. 음식

부스러기를 바닥에 흘리지 않도록 다들 주의해야 했지만 결국에 가장 지저분한 곳은 바로 아버지의 의자 밑이었지요. 식탁에선 오직 식사에만 열중해야 했으나 아버지는 손톱을 자르시거나 연필을 깎으셨고 이쑤시개로 귀를 청소하셨지요. 제발 부탁드리는데, 아버지, 제 말을 오해하지 말아주세요. 이러한 것들은 그 자체로는 전혀 대수롭지 않은 사소한 일들이었을 거예요. 그러나 그것들은 아버지가 제게 내리신 계율을 아버지 스스로가 지키시지 않게 되었을 때 비로소 저를 짓누르는 힘으로 작용하기 시작했습니다. 아버지는 저한테 그토록 엄청난 권위로 여겨지던 분이셨으니까요. 그로 인해 세계는 세 부분으로 나누어지게 되었지요. 그 하나는 제가 살고 있는 노예의 세계로 나를 위해서만 제정된, 그러나 왠지 모르게 나로서는 결코 온전히 따를 수가 없는 법칙들이 지배하는 세계였고, 두번째로는 내 세계와는 무한히 멀리 떨어진 세계로 아버지가 살고 계신 세계였는데 그곳에서 아버지는 통치하는 일에 열중하여 수시로 명령을 내리셨고 그 명령이 지켜지지 않을 때면 크게 역정을 내셨지요. 그리고 마지막으로 세번째 세계는 나머지 사람들이 사는 세계였는데 그들은 명령과 복종의 일에서 벗어나 자유롭고 행복하게 살았습니다. 저는 줄곧 치욕 속에서만 살았지요. 아버지의 명령에 따랐으나 그건 치욕이었습니다. 왜냐하면 그것은 저한테만 내려진 명령이었으니까요. 그것에 반항적인 자세를 보이기도 했지만 그 또한 치욕이었지요. 제가 감히 아버지한테 거역할 수는 없었으니까요. 하지만 아버지가 하라시는 대로만 할 수는 없었습니다. 왜냐하면 저는 예컨대 아버지의 힘과 아버지의 식욕과 아버지의 수완을 지니고 있지 못했음에도 불구하고 아버지는 당연하다는 듯이 그런 것들을 제게 요구하셨기 때문이지요. 그런데 그것이 제게는 가장 큰 치욕이었습니다. 그렇게 해서 무슨 반성과 성찰의 계기를 얻게 된 것은 아니었지만 아이의 감정은 동요되기 시작했습니다.

아마도 당시의 제 상황은 지금의 펠릭스의 경우와 비교해보면 더 분명해질 겁니다. 아버지는 펠릭스도 비슷하게 다루고 계시니까요. 아니, 특히 더 끔찍스러운 교육 수단을 쓰시고 있는 것처럼 보여요. 펠릭스가 식탁에서 아버지가 보시기에 무언가 칠칠치 못한 짓을 할 때면 예전에 저한테 하셨듯이 "이 돼지만도 못한 놈아!"라고 하시는 것만으로는 성에 차시지 않아 그 말에 덧붙여 "네 애비 헤르만을 꼭 빼박았구나"라든가 "네 애비 하는

오른쪽 위에서부터 엘리, 엘리의 남편 카를 헤르만,
카프카의 아버지·어머니, 엘리의 아들 펠릭스

짓이나 어쩌면 그렇게 똑같니?"라고 말씀하시는 걸 보면 말입니다. 그러나 아마도— '아마도'가 아니라 그 이상이라고 할 수 있을 텐데요—펠릭스는 그런 말에 근본적인 상처까지는 입지 않을 겁니다. 왜냐하면 그애한테 아버지는 그저 좀 특히 무서운 한 분의 할아버지일 뿐, 예전의 저한테처럼 모든 것은 아니니까요. 게다가 펠릭스는 차분한 데다, 벌써 어느 정도 어른스러운 데가 있는 아이니까요. 그래서 그애는 아버지의 벽력 같은 목소리에 하얗게 질리기는 해도 그 여운을 가슴속에 오래도록 담아두지는 않을 거예요. 그런데 무엇보다도 그애는 아버지와 자리를 함께하는 일이 비교적 드문 편이고, 아버지 말고 다른 사람들의 영향도 더 많이 받고 있는 편이지요. 그애에게 아버지는 그다지 싫지 않은 진기한 존재라고 할 수 있을 겁니다. 그래서 그애는 아버지한테서 자기가 원하는 것만을 골라 가질 수 있지요. 하지만 저한테는 아버지가 그저 진기한 존재가 아니었지요. 저는 제 마음대로 무엇을 고를 수가 없었고 모든 것을 그저 받아들이기만 해야 했으니까요.

아버지의 말에 조금이라도 반대하는 말을 입 밖에 낸다는 건 있을 수 없었지요. 왜냐하면 아버지께서 동의

하시지 않거나 먼저 말을 꺼내시지 않은 일에 대해 함부로 말을 한다는 것 자체가 아버지한테는 아예 처음부터 있을 수 없는 것이었으니까요. 남을 억누르려는 아버지의 독재적인 기질이 그런 걸 용납하시지 못하셨지요. 최근 몇 년 전부터 아버지는 그것에 대해 자신의 신경성 심장 질환 때문이라고 설명하시곤 하셨지요. 아버지가 옛날엔 근본적으로 다른 사람이었는 걸 저는 알지 못할 거라고 말이에요. 하지만 아버지의 그 신경성 심장 질환이란 것도 아버지한테는 다른 사람을 더욱 엄격하게 지배하기 위한 하나의 수단에 불과할 뿐입니다. 왜냐하면 지배에 대한 생각은 다른 사람 안의 마지막 저항의 목소리마저도 제압해야 하기 때문이지요. 이 말은 물론 아버지에 대한 비난의 말이 아니라 하나의 사실에 대한 확인의 말일 뿐입니다. 가령 오틀라의 경우를 보세요. "그애와는 도무지 대화가 안 통하는구나. 무슨 말만 하면 금방 사납게 대드는 통에 말이다"라고 아버지는 말씀하시곤 하시만, 사실을 놓고 보면 그애는 근본적으로 누구한테 대드는 사람이 아니지요. 아버지는 일과 사람을 혼동하시는 겁니다. 아버지한테 대들고 있는 건 사람이 아니라 바로 그 일이라고 할 수 있는데, 아버지는 그 사람의 말은 듣지도 않으시고 즉시 결론부터 내리시지요. 그 후엔 무슨 말을 더 하더라도 아버지의 기(氣)만 더 돋울 뿐, 아버지를 설득시킨다는 건 불가능한 일이지요. 그리고 나서 아버지한테 들을 수 있는 말이라곤 이런 말뿐입니다. "네가 하고 싶은 대로 해라! 난 알 바 아니니 네 마음대로 해! 넌 이제 성인이야, 그러니 내가 너한테 해줄 말이 뭐가 있겠니." 그러면서 이 모든 말을 잠긴 목소리로 하셨는데 그 저변에는 치미는 분노와 가차없는 비난의 어조가 깔려 있었지요. 그 섬뜩한 어조를 들을 때마다 저는 요즈음에도 몸이 떨려옵니다만, 그래도 어렸을 때보다는 덜 떨리는 것은 단지 어린아이로서 제가 전적으로 느꼈던 죄책감이 부분적으로 희미해지고 그 자리에 아버지나 저나 둘 다 다 어쩔 수 없는 사람들이라는 깨달음이 들어서게 되었기 때문일 뿐입니다.

서로 차분히 대화를 나눌 수 없는 관계는 또 다른 결과를 낳게 되었는데 그건 사실상 매우 자연스러운 결과였지요. 제가 말을 상실하게 되었다는 것입니다. 그러지 않아도 저는 청산유수로 말을 잘하는 사람이 되지는 못했을 테지만 보통의 사람들이 구사하는 평범한 수준의 말솜씨쯤은 저도 터득하게 되었을 텐데 말입니다. 그런데 아버지는 제게 아주 일찍부터 말을 못하게 막으셨지요. 그때 이후로 "말대답하지 마!"라는 아버지의 위협적인 말과 그와 동시에 쳐드신 아버지의 손이 저를 늘 따라다녔지요. 아버지는 자신의 일에 관한 이야기만 나오면 즉시 청산유수가 되셨던 반면에 저는 아버지를 보면 말이 막히고 말을 더듬게 되었습니다. 그 정도는 그래도 말을 많이 하는 거였어요. 급기야는 아예 입을 닫고 말았지요. 처음엔 반항심에서 일부러 그랬지만 나중엔 아버지 앞에 서기만 하면 아무런 생각도, 아무런 말도 떠오르지 않았기 때문에 자연히 그렇게 되었지요. 그런데 아버지는 실제로 저의 교육을 맡은 분이셨기 때문에 그 일은 제 삶 곳곳에 깊고도 오랜 영향을 미치게 되었습니다. 제가 아버지의 뜻을 한번도 따른 적이 없었다고 생각하신다면 그건 놀라우리만큼 이상한 오류이십니다. 아버지가 생각하시는 것처럼, 그리고 저를 비난하여 말하시는 것처럼 "사사건건 반대"라는 말은 사실 아버지를 대하는 저의 생활 원칙이 아니었습니다. 오히려 그와 정반대였습니다. 그래서 만일 제가 아버지의 말에 덜 복종했더라면 아버진 지금 분명히 저에 대해 훨씬 더 만족하고 계실 겁니다. 아버지의 생각과는 달리 아버지의 교육 방침들은 모

프라하 구시가 모형
(× 표시된 곳은 카프카의 생가이고,
+ 표시된 곳은 초등학교 시절 살던 집이다.)

두 다 적중했습니다. 아버지의 가르침이 뻗는 손길을 저는 피하지 않았습니다. 지금의 저는 (제가 딛고 서 있는 삶의 토대와 삶 자체가 미치는 영향은 물론 도외시한다 할 때) 아버지의 교육과 저의 순종이 낳은 결과입니다. 그런데 그 결과가 아버지한테 고통스럽고, 더 나아가 아버지 자신이 그것을 자신의 교육의 결과로 인정하시기를 무의식적으로 거부하시는 것은 바로 아버지의 손과 저라는 재료가 서로에게 그토록 이질적이었기 때문입니다. 아버지께선 "말대답하지 마!"라고 하셨고 그렇게 함으로써 아버지한테 거슬리던 제 안의 저항력을 침묵시키려고 하셨던 거지요. 하지만 그 말의 효과는 저한텐 너무도 강해서 저는 너무 순종적인 아이가 되었지요. 저는 벙어리처럼 완전히 입을 다물었고 아버지 앞에선 설설 기었습니다. 아버지의 힘이 ― 적어도 직접적으로는 ― 미치지 못할 만큼 아버지한테서 멀리 떨어질 수 있게 되었을 때에야 비로소 저는 감히 기를 펴볼 용기를 냈습니다. 하지만 아비지는 그 앞을 가로막으셨고 모든 것에서 다시 "반대"의 조짐을 느끼신 듯했습니다. 그건 단지 아버지의 강함과 저의 약함에서 비롯된 당연한 현상일 뿐이었는데 말이에요.

아버지가 아이를 다루실 때 쓰셨던 수단들은 매우 효과가 컸는데 적어도 저한테는 직효였습니다. 욕설과 위협, 비꼬아 말하기, 악의에 찬 웃음 그리고 —특이한 것으로— 신세 한탄 등이 그 수단들이었지요.

아버지가 노골적인 욕설로 대놓고서 저를 욕하셨던 기억은 없습니다. 그럴 필요가 없었지요. 아버지한테는 다른 수단들이 얼마든지 있었으니까요. 집에서나, 특히 가게에서 다른 사람들과의 대화중에 그들을 향해 퍼붓는 아버지의 욕설들이 제 주변에서 빗발치듯 난무할 때가 있었는데, 어찌나 심했던지 어린아이인 저로서는 때때로 귀가 먹먹해질 정도였습니다. 그때 저한테는 그 욕들이 저와 무관한 게 아니라는 생각이 들었지요. 왜냐하면 아버지가 욕하셨던 그 사람들이 분명 저보다 더 못되지도 않았고 아버지께서도 분명 저보다 그들에 대해 더 큰 불만을 느끼셨던 것도 아니었으니까요. 그런데 이 경우에도 또한 아버지한테는 그 수수께끼 같은 천연덕스러움과 도무지 무슨 공격을 해도 통할 것 같지 않은 완강함이 있었습니다. 아버지는 욕을 하셔도 그 일로 괘념을 하시는 일이 조금도 없으셨고, 한술 더 떠 남들한테 욕하는 건 벌받을 일이라고 하시며 우리한테는 욕을 못하게 하셨으니까요.

아버지는 욕설을 위협으로 보강하셨지요. 그리고 그것은 이제 저한테도 날아왔습니다. 가령 이런 말을 들었을 때 저는 소름이 쫙 끼쳤습니다. "널 생선처럼 토막내 버릴 테다." 하지만 저는 그 말에 이어 무슨 험악한 일이 벌어지지는 않을 거라는 걸 알고 있었지요(다만 더 어렸을 때는 그걸 몰랐었지만 말입니다). 그런데 그와 동시에 아버지는 능히 그럴 수도 있는 분이라는 생각도 들었는데 그건 아버지의 위력에 대한 저의 관념에 거의 들어맞는 생각이었습니다. 아버지가 아이를 붙잡기 위해 고함을 지르시며 식탁 주위를 이리저리 뛰어다니셨던 일도 정말 무시무시했지요. 아버진 분명히 잡으실 마음이 전혀 없으셨으면서도 그렇게 하셨고 그러면 어머니께서 붙잡힌 그 아이를 마침내 구해내주시는 식이었지요. 언젠가 또 그런 일이 벌어졌었는데 그때엔 아버지께서 은총을 베풀어주셔서 목숨을 부지할 수 있었지요. 아이인 저한테는 그렇게 보였답니다. 그런 후 아이는 그 목숨을 아버지가 주신 과분한 선물로 알고 계속 지니고 다녔지요. 아버지의 말을 안 들을 때 듣게 되는 위협도 있었습니다. 제가 아버지 마음에 안 드는 일을 시작할 때면 아버지는 저에게 실패할 거라고 겁을 주셨지요. 그러면 아버지의 말씀에 대한 저의 경외심은 너무도 커서 이제 실패는 정해진 것이나 다름없었지요. 아마 나중에서야 그 실패가 나타나게 된다 하더라도 말이에요. 저는 제 행동에 대한 믿음을 잃고 말았습니다. 제 생각은 수시로 변했고 제 자신이 의심스러웠습니다. 나이를 먹어감에 따라 제가 아무짝에도 쓸모 없는 자식이라는 증거로 아버지가 제 앞에 내보일 수 있는 소재는 더욱 늘어갔습니다. 점점 아버지의 말씀이 어떤 점에서는 정말로 옳았다는 것이 밝혀지게 되었습니다. 다시 조심스럽게 말씀드리지만 제가 그렇게 된 것은 오직 아버지로 인해서입니다. 아버지께서는 주어진 것을 더 강하게 만드신 것일 뿐이었지요. 하지만 너무 지나치셨습니다. 왜냐하면 아버지는 저에 비하면 너무나 강력하셨고 더군다나 그 일을 위해 있는 힘을 다 기울이셨으니 말입니다.

아버지는 슬쩍 비꼬아 말함으로써 교육적 효과를 내는 방법에 대해 특별한 신뢰를 가지고 계셨습니다. 그 방법은 저보다 아버지가 우월하다는 점과도 가장 잘 어울리는 방법이었지요. 아버지가 무슨 경고를 하실 때면 대개 이런 식이었습니다. "그것을 그렇게 해서 되겠니? 그게 너한테는 너무 무리가 아니겠니? 너한테는 물론 그럴 시간이 없겠지?" 그리고 그런 식의 질문에는 꼭 음흉한 웃음과 기분 나쁜 얼굴 표정이 뒤따랐습니다. 그건 마치 자신이 무슨 나쁜 일을 했는지도 모르면서 미리 벌부터 받는 느낌이었지요. 제3자 취급을 함으로써 말상대할 가치조차 없다는 투의 훈계 방식 또한 사람 속을 긁어놓는 고약한 것이었지요. 가령 말씀은 어머니한테 하신 거였지만 사실은 옆에 앉아 있던 저를 겨냥하시는 방식 말이에요. 예를 들면, "아드님한테서 물론 그런 걸 기대할 수는 없을 거요"라는 등등의 말이었지요(아버지의 그런 방식은 저로 하여금 이런 식의 대응을 하게 하였습니다. 가령 어머니가 함께 계신다고 할 때 처음엔 제가 감히 아버지한테 직접 묻지를 못하다가 나중엔 그것이 버릇이 되어 더 이상은 아예 그럴 생각조차 하지 못하게 되는 식이었어요. 아이인 저에게는 아버지 옆에 앉아 계신 어머니한테 아버지에 대해 여쭈어보는 편이 훨씬 더 안전했던 거지요. 이후 저는 어머니한테 "아버지 어떻게 지내세요?"라고 물었고 그렇게 함으로써 혹시 있을지도 모를 돌발 사태에 대해 대비를 해 두었답니다). 물론 아무리 심하게 비꼬는 말이라 하더라도 그 말에 선뜻 동조할 마음이 들었던 경우도 있었습니다. 즉, 그 말이 다른 사람, 이를테면 저와 여러 해 동안 사이가 안 좋았던 엘리[15]를 향해 했던 말일 경우엔 말이에요. 아버지가 거의 식사 때마다 그애를 두고서 "어휴 저 뚱보년 좀 봐, 저년은 식탁에서 10미터는 떨어져 앉아야 할 거야"라고 하시고는 약간의 다정스러움이나 흥겨움의 기색도 없이 격분한 원수의 모습을 하고서 짓궂게도 과장된 몸짓으로 그애를 흉내내려고 하셨을 때면 저로서는 통쾌한 마음과 사악한 마음이 서로 어우러져 속으로 쾌재를 불렀더랬습니다. 그애가 앉아 있는 모습이 아버지 비위에 얼마나 거슬렸으면 그러셨겠나 싶습니다. 그런 식의 일들은 빈번히 있었지만 그로 인해 아버지가 실제로 거두시는 것은 거의 없었지요. 제 생각에 그 까닭은 아버지의 분노가 그 대상 자체와 잘 맞지 않았던 것 같다는 데에 있습니다. 아버지가 분노하셨던 것은 식탁에서 멀리 떨어져 앉고 안 앉고의 그런 사소한 문제 때문이 아니라, 아버지 가슴속엔 아예 처음부터 분노의 마음이 커다랗게 자리잡고 있었는데 우연히도 바로 그 일을 빌미로 잡게 되어 가슴속의 분노를 터뜨리신 게 아닌가 하는 느낌이 들었지요. 빌미란 어차피 주어지게 마련이라고 생각되었기 때문에 우린 특별

카프카의 여동생들(왼쪽부터 발리, 엘리, 오틀라)

히 정신차려 아버지를 경계하지 않았지요. 또한 위협이 계속되다 보니 신경이 무디어지기도 했고, 두들겨 맞지는 않을 거라는 확신도 점차 굳어졌지요. 우린 퉁명스럽고, 산만하고, 반항적인 아이가 되어갔고, 늘 도망칠 궁리를 품었지요. 그때 도망이란 대개 자기 안으로의 도망이었습니다. 그래서 아버지도 괴로우셨고 저희도 괴로웠지요. 아버지는 이를 꽉 무시고 호호호 웃으시며 ─ 그 웃음은 저에게 처음으로 지옥의 모습을 연상시켜주었지요 ─ 씁쓸하게 "그게 바로 세상이야!"라고 말씀하시곤 하셨는데(최근엔 콘스탄티노플에서 온 편지를 읽으시고서 오랜만에 다시 그 말씀을 하셨죠). 아버지의 관점에서 볼 때 그 말씀은 전적으로 옳았습니다.

아버지께서는 또한 드러내놓고 신세 한탄을 하시곤 하셨는데 ─ 매우 자주 있던 일이었지요 ─ 그건 지금까지 말씀드린 자식들에 대한 아버지의 태도와는 전혀 어울릴 수 없는 듯이 보였습니다. 고백드리자면 아이인 저로서는(나중엔 저도 어느 정도 공감했습니다만) 그에 대해 전혀 아무런 느낌도 없었고, 아버지께선 대체로 기대하실 만도 했지만, 어떤 동정심을 가질 수도 없었습니다. 아버지는 어느 면에서나 거인 같은 분이셨죠. 그런 아버지한테 저희들의 동정심이나 아니면 저희들의 도움 같은 것이 뭐 그리 대단한 것일 수 있었겠어요? 그런 것쯤이야 사실 간단히 무시해버릴 만한 것이었지요. 저희들 자신을 자주 그렇게 하셨듯이 말입니다. 그래서 저는 아버지가 한탄하시는 말들을 믿지 않았고 그뒤에 숨어 있을 어떤 비밀스런 의도를 찾아내고자 했습니다. 나중에서야 저는 아버지가 실제로 자식들로 인해 몹시 괴로워하셨다는 것을 깨닫게 되었습니다만, 그 당시 ― 다른 상황에서라면 아버지의 그 한탄의 말들이 순진하고, 솔직하고, 스스럼없는 반응을 불러일으켜 어떤 식의 도움이든 선뜻 도와드리고 싶은 마음이 들게 할 수도 있었을 텐데 ― 저한테 그 말들은 다시 너무나도 명백한 교육의 수단이자 경멸의 수단으로 작용하지 않을 수 없었습니다. 그건 그 자체로는 별로 강하지 않았지만 결국엔 해로운 부작용을 낳게 되었는데, 즉 우리는 심각하게 받아들여야 할 일도 별로 심각하게 여기지 않는 버릇을 얻게 되었지요.

그렇지만 다행히 예외도 있었습니다. 그건 대개 아버지가 묵묵히 참으시고 견뎌내시는 때였는데 그 순간 사랑과 온정은 그 자체의 힘만으로 대립해 있는 모든 것을 압도하였고 직접적으로 사로잡았습니다. 그런 일은 보기 드문 일이었지만 놀라운 일이었지요. 가령 아버지가 무더운 여름날 점심을 드시고는 가게에서 팔꿈치를 책상 위에 올려놓으신 채 피곤하신 얼굴로 꾸벅꾸벅 졸고 계시는 모습을 보았을 때라든가, 일에 시달려 지치신 모습을 하고서 일요일 날 우리들이 가 있던 여름 피서지에 나타나셨을 때, 혹은 언젠가 어머니가 심한 병을 얻어 앓아누우신 적이 있었는데 그 일로 책상자를 부둥켜안으신 채 몸을 떠시며 흐느껴 우셨을 때, 혹은 최근에 제가 병을 앓고 있는 동안 제가 있던 오틀라의 방[16]으로 슬며시 오셔서 문지방에 가만히 서 계신 채 침대에 누워 있는 저를 보시려고 목만 안으로 들이미시고는 저를 생각하셔서 그냥 손으로만 인사를 건네셨을 때가 바로 그런 때였지요. 그럴 때면 저는 너무도 행복한 나머지 엎드려 울곤 했답니다. 그리고 지금 그것을 이렇게 쓰고 있는 동안에도 다시 눈물이 북받쳐오릅니다.

아버지한테는 또한 만족스러우시거나 상대방을 인정하실 때면 조용히 지으시는 미소가 있습니다. 그건 아주 보기 좋고 또한 매우 보기 드문 형태의 미소로 그 미소의 세례를 받는 사람을 아주 행복하게 만들 수 있는 힘이 있습니다. 제가 어렸을 때 아버지가 저에게 그런 미소

프라하 성 위의 작은 골목
(오틀라가 세든 왼쪽 앞의 검은색 집에서
카프카는 1916년~1917년 겨울까지 살았다.)

를 지으신 적이 있는지는 뚜렷한 기억이 없습니다만, 아마도 분명 그러셨을 거라고 생각합니다. 그 당시 아버지가 저에게 그렇게 하시지 않을 이유가 뭐 있으셨겠어요. 그때만 해도 저는 아직 아버지한테는 천진스러운 아이였고 아버지의 커다란 희망이었으니까요. 그런데 그런 다정스런 인상도 결국에 가서는 저의 죄책감을 더 크게 만들고 세상을 더욱 이해할 수 없게 만들 뿐이었지요.

저는 사실적이고 지속적인 것을 중시하는 편이었습니다. 아버지를 상대로 제 뜻을 조금이라도 관철시키기 위해, 부분적으론 일종의 복수심에서, 저는 곧 아버지한테서 발견되는 우스꽝스러운 점들을 관찰하고, 모으고, 과장하기 시작했습니다. 예를 들어 아버지는 높은 사람들, 대개는 겉으로만 높아 보이는 사람들한테 쉽게 매혹되셨고 그 사람들에 대한 이야기라면 끝도 없이 이야기하실 수 있었지요. 황실 고문이라든가 그런 유의 사람들에 대해서 말이에요(다른 한편 아버지가 그런 식으로라도 자신의 가치를 확인할 필요를 느끼셨고 그것을 자랑스럽게 여기셨다는 점이 제 마음을 또한 아프게 했습니다). 또한 저는 아버지가 점잖지 못한 상투적인 말들을 되도록이면 큰 소리로 하는 것을 좋아하시는 경향이 있음을 발견했지요. 그런 말을 해놓으시고는 무슨 특별히 뛰어난 말씀이라도 하신 듯이 크게 웃으셨지요. 뭐 그저 천박하고 시시하고 외설적인 말에 지나지 않는 것이었는데도 말입니다(하지만 그건 동시에 제 얼굴을 뜨겁게 만드는 아버지의 왕성한 정력의 표현이기도 했지요). 제가 발견한 아버지의 그런 면들은 물론 다양하고도 많았지요. 저는 그것을 관찰하며 즐거워했고 다른 아이들한테도 그것을 몰래 귓속말로 속삭이며 재미를 느끼게 되었지요. 아버지는 때때로 그걸 눈치채시고는 화를 내셨고 어른을 우습게 아는 아주 못된 짓으로 여기셨지요. 하지만 제 말을 믿어주세요. 그건 저한테는 제 자신을 지키기 위한 헛된 수단일 뿐이었고, 사람들이 신들과 왕들에 대해 퍼뜨리곤 하는 농담 같은 것이었지요. 그런 농담은 아주 깊은 경외심으로부터만 나올 수 있고 심지어는 그 경외심의 일부를 이루기도 하지요.

그런데 아버지께서도 저에 대해 비슷한 입장이셨으므로 그에 따라 일종의 반격을 시도하셨지요. 그래서 아버지는 제가 얼마나 넘치도록 잘살고 있고 사실상 얼마나 따뜻한 배려 속에서 자라왔는가 하는 점을 지적하시곤 하셨지요. 그건 옳은 말씀입니다만, 저는 당시의 상황에서 그것이 저에게 근본적으로 유익했다고 생각하지는 않습니다.

어머니께서 저를 한없이 잘 대해주신 것은 사실입니다만, 제가 보기에 그것은 늘 아버지와 연관된 것이었습니다. 따라서 좋은 연관이라고 할 수 없었지요. 어머니는 자신도 모르게 사냥에서의 몰이꾼 역할을 하셨습니다. 있을 법해 보이는 일은 아니지만 아버지의 교육 방식이 어쩌면 저에게 반항심, 혐오감 혹은 나아가 증오심을 불러일으킴으로써 제가 혼자 힘으로 일어서는 데 도움이 될 수도 있었다면, 어머니는 저를 마냥 잘 대해주시고, 이치에 맞는 말씀을 하시고(어머니의 말씀은 제 어린 시절의 혼돈 속에서 이성의 원형이었지요), 저를 위해 간청을 해주심으로 해서 오히려 그럴 수 있는 가능성을 없애버렸습니다. 그래서 저는 다시 아버지의 울타리 안으로 되몰려 들어오게 되었지요. 그렇지 않았더라면 저는 아마도 그 울타리를 뛰쳐나갔을 것이고 그 결과는 아버지한테도 좋고 저한테도 좋았을 텐테 말입니다. 또한 어머니는 저를 아버지로부터 단지 뒤에서만 보호해주셨고, 저에게 몰래 무언가를 주셨고, 또 은밀히 무언가를 허락해주시곤 하셨는데 그것은 오히려 아버지와의 진정한 화

카프카의 어머니 율리 뢰비(1856~1934)

해를 가로막는 것이었습니다. 어머니가 저에게 그러시고 나면 저는 다시 아버지 앞에서 눈이 마주칠까 두려웠고 왠지 사기꾼이 된 느낌이었으니까요. 나아가 저는 제 자신이 무가치한 존재라는 생각에 짓눌려 자신의 권리로 여기던 것조차 뒷길로만 다가갈 수 있는 죄지은 사람의 의식을 갖게 되었지요. 그 후 저는 자연히 제 생각에조차 제 권리가 아닌 것도 그런 식으로 얻고자 하는 습관이 들게 되었고, 그러면 다시 죄의식은 더 커져만 갔지요.

아버지가 실제로 저를 때리신 적은 거의 없었다는 것 또한 사실입니다. 하지만 고함을 지르시고 얼굴을 붉으락푸르락하신다든가, 멜빵을 홱 풀어서 의자 등받이 위에다 툭 던져놓곤 하시던 행동이 저한테는 더 무서웠습니다. 그건 마치 교수형이 있기 전의 분위기와도 같았지요. 누가 실제로 교수형에 처해진다면 그는 죽은 목숨이었고 만사는 끝나버린 거였지요. 하지만 만일 그가 교수형의 준비 과정을 하나하나 같이 지켜보아야 하는 상황에 처해져 마지막으로 올가미가 그의 얼굴 앞에 내려지고 난 순간에야 자신의 사면 소식을 듣게 된다고 한다면 그는 평생 동안 그때의 일로 괴로워해야 할 겁니다. 게다가 저의 경우엔 아버지가 분명히 밝히신 말씀대로라면 얼어맞아야 마땅했지만 아버지의 자비 덕분에 간신히 몽둥이 찜질을 면하게 되었던 때가 무수히 많았는데 그때마다 그 일들은 고스란히 쌓여 다시 하나의 커다란 죄의식만을 형성할 뿐이었지요. 이처럼 저는 모든 면에서 아버지의 은혜를 입고 살아왔습니다.

옛날부터 아버지는 저한테(유독 저한테만 그러셨거나 아니면 다른 애들보다는 특히 저한테 그러셨는데, 뒤의 경우가 더 제 자존심을 상하게 하는 것이라는 점에 대해선 아무런 느낌도 없으셨지요, 자식들의 일은 늘 공개적이었으니까요) 아버지의 노력 덕분에 제가 없는 것 없이 편안하고, 따뜻하고, 풍족하게 살고 있다는 것을 저에 대한 질책의 말로 하셨지요. 그건 이런 말들이었지요. 그 말들을 저는 하도 들어서 제 머릿속에는 분명 여러 줄의 고랑이 새겨져 있을 겁니다. "일곱 살 때부터 나는 벌써 손수레를 끌고 이 마을 저 마을을 돌아다녀야 했단다." "우리는 모두가 한 방안에서 잠을 자야 했지." "우린 감자만 있으면 님 부러울 것 없이 행복했단다." "겨울에 입을 옷이 부족해서 나는 여러 해 동안 다리 여기저기가 갈라터졌었다." "어린아이였을 때 나는 벌써 피섹[17]으로 장사하러 다녀야 했단다." "집에선 한푼도 받은 게 없었고,

군대에 가서도 마찬가지였지. 오히려 집으로 돈을 부쳤단다." "하지만 그럼에도 불구하고, 그럼에도 불구하고—아버지는 늘 아버지셨지. 요즘에 누가 그걸 알겠니! 아이들이 무얼 알아! 누가 그런 일을 겪어보았겠니! 요즘 어떤 아이가 그런 걸 이해할 수 있을까?" 그런 말들은 다른 상황에서라면 뛰어난 교육적 효과를 낼 수 있었을 테지요. 아버지가 겪으셨던 것과 동일한 고생과 가난을 이겨내는 데에 자극이 되고 힘이 될 수 있었을 테지요. 그러나 아버지는 결코 그런 걸 원하셨던 게 아니었습니다. 형편은 어쨌든 아버지의 고생 덕택에 나아지게 되었고, 아버지가 하셨던 것처럼 그렇게 온갖 고난을 딛고 출중하게 일어설 기회도 주어지지 않았지요. 억지를 쓰든지 뒤집어엎든지 어떻게든 그런 기회를 만들어 집을 뛰쳐나갔어야 했는데 말입니다(물론 그럴 만한 결단력과 용기를 지니고 있고 어머니 쪽에서 다른 수단을 쓰셔서 그것을 방해하시지 않는다는 것을 전제로 해야겠지요). 하지만 아버지는 그런 걸 결코 원치 않으셨지요. 그것을 배은망덕한 일, 터무니없는 짓, 반항, 배신, 미친 짓이라 하시며 말입니다. 따라서 한편으로는 아버지 자신의 모범적인 사례를 이야기하심으로써 저에게 수치심을

카프카의 아버지가 태어난, 피섹 근처의 보섹 마을
(× 표시된 집에서 살았다.)

피섹의 전경

느끼게 하여 결국 그런 마음이 들도록 해놓으시고서는, 다른 한편으로는 그것을 더없이 엄격하게 금하셨던 거지요. 그런 게 아니셨다면 — 부수적인 상황은 차치하고 — 가령 오틀라의 취라우[18]행 모험에 대해 반색을 하고 반기셨어야 했을 겁니다. 오틀라는 시골에 가길 원했지요. 아버지가 떠나오신 바로 그 시골로 말입니다. 아버지 자신이 일과 가난 속에서 사셨듯이 그애도 그것을 찾아 떠나려고 했던 것이지요. 아버지도 할아버지의 품을 벗어나 독립하셨듯이 그애도 아버지가 피땀 흘려 거두신 결실을 하는 일 없이 누리기만 하는 생활을 원치 않았던 거지요. 그게 그렇게 막돼먹은 생각이었나요? 그게 그렇게 아버지 자신의 선례와 아버지의 가르침으로부터 멀리 벗어난 것이었을까요? 좋습니다. 결과적으로 오틀라의 계획은 결국 실패하고 말았지요. 어쩐지 좀 우스꽝스럽게 되어버렸고 너무나 요란스럽게 실행되었지요. 또한 그애는 아버지와 어머니를 배려하는 마음이 너무 적었지요. 하지만 그것이 오직 그애만의 잘못이었을까요? 상황이 여의치 않았고, 또한 무엇보다 아버지와 그애의 소원했던 관계 때문이 아니었을까요? 그애가 취라우로 떠나기 전엔 (아버지 자신이 나중에 그렇게 믿고자 하셨듯이) 사업에 관해서 아버지와 덜 소원했던 편이었을까요? 그리고 아버지한테는(자신의 마음을 잘 다스려 그렇게 하실 수도 있다는 것을 전제로 할 때) 그애한테 격려와 충고의 말을 해주시고 관심과 염려를 표하심으로써, 아니면 관용의 마음으로 묵묵히 지켜보시기만이라도 하셔서, 그애의 모험이 잘되도록 이끌어주실 만한 힘이 전혀 없으셨을까요?

이런 경험들과 연결시켜 아버지께서는 씁쓸한 농담의 말로 우린 너무 잘살고 있는 거라고 말씀하시곤 하셨지요. 하지만 그건 어떤 면에서는 결코 농담이 아니었지요. 아버지가 싸워 얻으신 것을 우리는 아버지가 주시는 대로 받기만 했습니다. 하지만 아버지가 수시로 도맡아 치르셔야 했던 — 물론 우리한테도 언제까지고 면제될 수만은 없었던 — 저 바깥 세상과의 싸움을 이제 우리는 다 자란 나이가 되어서야 뒤늦게 어린 애의 힘으로 직접 치러내야 합니다. 제 말씀은 그렇다고 우리의 처지가 아버지의 경우보다 꼭 더 불리하다는 것은 아닙니다. 아마 비슷하다고 할 수 있겠지요(하지만 그 기본적인 토대는 서로 비교될 수가 없습니다). 다만 우리가 아버지처럼 우리의 어려운 처지를 자랑삼아 말할 수도 없고 그것으

취라우의 전경(친구 막스 브로트에게 보낸 그림 엽서)

취라우의 중심 광장(나무 뒤의 집이 카프카의 집)

로 누군가에게 굴욕감을 안겨줄 수도 없다는 점에서만은 우리가 불리합니다. 또한 저는 아버지가 죽을 고생하며 얻으신 결실을 마음껏 누리며 잘 이용하고 잘 가꾸어 아버지를 기쁘게 해드릴 수도 있었을 거라는 점을 부인하지는 않습니다만, 그러기엔 아버지와 저 사이의 소원함이 너무 컸지요. 아버지가 주신 것을 누릴 수는 있었지만 거기에는 수치심과 피곤함, 무력감과 죄의식이 따랐지요. 따라서 저는 아버지가 베풀어주신 모든 것에 대해 행동으로 감사하지 못하고 거지같이 비굴한 마음으로만 감사할 수 있었습니다.

저는 어렴풋하게라도 아버지를 떠올리게 하는 것이면 모두 다 멀리하게 되었는데 그건 아버지의 교육 방식이 불러온 또 다른 결과였습니다. 처음엔 가게[19]를 멀리했지요. 하지만 아주 어렸을 적 그 가게가 구멍가게 수준이었을 때 가게는 그 자체로 저한테는 아주 큰 즐거움이었습니다. 늘 생기가 넘쳤고 저녁때면 조명이 환하게 비쳤지요. 거기서는 많은 것을 보고 들을 수 있었으며 이런저런 일을 거들기도 했고 그러면서 자신의 능력을 과시할 수도 있었습니다. 하지만 무엇보다도 아버지가 물건을 파시고, 사람들을 다루시고, 농담을 하시고 하는 상인으로서의 능란한 솜씨에 감탄을 금할 수 없었지요. 아버진 지칠 줄 모르셨고 어려운 문제가 생길 때면 즉시 적절한 결정을 내리셨지요. 또한 포장을 하시거나 상자를 여실 때의 모습은 하나의 볼 만한 연기였지요. 그래서 그 모든 것은 전체적으로 보아 아이들의 학교로도 별로 손색이 없었습니다. 그러나 아버지는 점점 모든 면에서 저를 깜짝 놀라게 하셨고 제겐 가게와 아버지가 하나인 것처럼 보였기 때문에 이젠 가게가 싫어졌습니다. 처음엔 그곳에서 당연해 보였던 일들이 이젠 저한테 고통스럽고 부끄러운 마음이 들게 했습니다. 특히 아버지가 점원들을 다루시던 일이 그랬습니다. 지금 와서 보면 아마 대부분의 가게들에서도 그랬었을는지 모르겠습니다(가령 제가 '일반 보험회사'[20]에 다녔을 때의 사정은 정말 비슷했지요. 저는 그곳에서 사장한테 — 전적으로 사실에 들어맞는 말은 아니었어도 그렇다고 순전히 지어낸 말도 아니었는데 — 그런 욕을 들으면서까지 회사에 다니기는 싫다고 하면서 사표를 던졌지요. 그 욕설이 직접 저를 향해 날아왔던 건 결코 아니었지만 말이에요. 욕설에 대해서라면 이미 집에서부터 너무나 고통스러울 정도로 신경이 곤두서 있었으니까요). 그러나 어렸을 적에 다른 가

1907년~1908년까지 카프카가 다녔던 '일반 보험회사' 건물

게들은 제 관심 밖이었지요. 저는 가게에서 아버지가 고함을 지르시고, 욕을 퍼부으시고, 펄쩍 뛰시며 화를 내시는 것을 직접 보았고 들었습니다. 당시의 제 생각엔 세상 어디에도 그런 일은 다시 없을 것 같았지요. 그리고 욕뿐만이 아니라 다른 험악한 일도 벌어졌습니다. 가령 아버지는 다른 상품들과 섞이지 않게 구분해놓았던 상품들을 홱 집어던지시곤 했는데 그러면 점원이 허둥지둥 그것들을 주워 다시 올려놓아야 했지요. 화가 나시면 물불을 안 가리시는 성미를 지니셨다는 점만이 아버지의 그런 행동을 어느 정도 납득시켜줄 수 있을 뿐이었지요. 또한 아버지는 폐결핵을 앓고 있는 한 점원에 대해 늘 이런 식으로 말하셨지요. "저런 병든 개는 어서 뒈져버려야 해." 아버지는 점원들을 일컬어 "월급 받아먹는 원수들"이라고 부르셨는데, 사실 그런 측면이 없는 것도 아니었지만, 아직 그들이 그렇게 되기도 전부터 아버지는 제게 그들의 "월급 주는 원수"인 듯이 보였습니다. 가게에서 저는 아버지가 부당하신 분일 수도 있다는 큰 깨달음을 얻었습니다. 제 자신과 관련된 일만으로는 그리 쉽게 알아채지는 못했을 겁니다. 그 동안 쌓인 죄책감이 너무 컸고 그로 인해 저는 아버지를 늘 올바르신 분으로 인정하고 있었으니까요. 그런데 가게의 점원들은 저의 어린 소견에—그 소견이 나중엔 물론 약간 수정되긴 했어도 그리 크게 바뀌지는 않았지요—남인데도 우리를 위해 일을 하면서 그 대가로 내내 아버지에 대한 두려움 속에서 살아야 했던 자들이었습니다. 물론 그건 좀 지나친 말이었지요. 왜냐하면 저는 아버지가 남들한테도 저한테 하시는 것처럼 혹독하게 하시는 분이라고 쉽게 가정을 했으니까요. 만일 그것이 제 말대로였다면 그들은 정말 살 수가 없었을 겁니다. 하지만 그들은 신경이 대체로 튼튼한 어른들이었기 때문에 욕을 먹어도 아무렇지 않다는 듯 쉽게 털어버렸지요. 그래서 결국 그들보다는 아버지 쪽에서 훨씬 더 심한 타격을 입으셨지요. 그런 일로 해서 저는 가게를 지긋지긋한 곳으로 여기게 되었습니다. 그곳은 제게 아버지와 저의 관계를 떠올리게 하는 점이 너무도 많았으니까요. 아버지는 사업가적 관심이나 지배욕과는 별개로 사업 수완 면에서 보면 일찍이 아버지한테서 일을 배웠던 그 누구보다도 월등했으므로 그들이 하는 일은 무엇 하나 아버지의 눈에 찰 리가 없었지요. 저에 대해서도 그와 비슷하게 영원히 불만일 수밖에 없으셨듯이 말이에요. 그래서 저는 어쩔 수 없이 점원들 편에

아버지 가게의 엠블렘
(체코어로 '카프카'는 '까마귀'를 뜻한다.)

속하게 되었지요. 그럴 수밖에 없었던 데에는 다른 이유도 있었는데, 즉 소심한 저로서는 남한테 어떻게 그런 심한 욕을 할 수 있는지 이해가 안 되었고 제 생각에 독한 앙심을 품고 있을 점원들을 — 먼저 제 마음의 평화를 위해서라도 — 어떻게든 아버지나 우리 가족과 화해시키고 싶은 거였지요. 그러기 위해서는 그들에 대한 보통 때의 공손한 태도만으로는 안 되었고 특별히 겸손한 태도로도 안 되었지요. 아예 비굴한 모습을 보여야 했습니다. 제 쪽에서 먼저 인사를 건넬 뿐만 아니라 되도록이면 그들의 답인사마저도 못하도록 만류해야 했지요. 그리고 저 같이 별 볼일 없는 존재가 밑에서 그들의 발을 아무리 핥아준다 하더라도 그것으로 주인이신 아버지가 위에서 그들을 찍어 누르시는 것에 대한 충분한 보상이 되지는 못했을 겁니다. 당시에 제가 그들에 대해 가졌던 이런 관계는 가게를 넘어 미래에까지도 지속적인 영향을 미쳤습니다(가령 오틀라가 가난한 사람들과 접촉한다든가 하녀들과 어울려 지낸다든가 하여 아버지가 화내실 일을 즐겨하는 것도 제 경우처럼 그렇게 위험스럽고 철저하지는 않지만 비슷한 예라 할 수 있지요). 결국에 저는 가게를 두려워하게 될 정도까지 되었지만 어쨌든 이미 오래 전에 가게 일은 더 이상 제 일이 아니었지요. 그러다가 김나지움[21]에 진학하고 나서부터는 더욱더 가게로부터 멀어지게 되었습니다. 게다가 그 일은 도저히 제 능력으론 감당할 수 없는 일로 보였지요. 아버지께서도 말씀하셨듯이 가게 일은 아버지의 능력으로도 힘에 부치신다고 할 정도였으니까요. 아버지는 제가 가게와 아버지의 사업에 대해 혐오감을 품고 있다는 것을 아시게 되자 몹시 괴로워하셨지만 저한테는 사업 감각이 부족하다느니, 제 머릿속에는 보다 높은 이상이 자리잡고 있다느니 하는 등의 말씀을 하시며 그 쓰린 가슴을 그래도 조금이나마 달래보려고 하셨지요(지금 와서 돌이켜보면 그건 감동적인 모습이었고 제 자신을 부끄럽게 하는 것이었습니다). 어머니께서는 물론 아버지가 마지못해 내뱉으신 그런 식의 말씀에 기쁨을 감추지 않으셨고 당시 마음이 허하고 처지가 곤궁했던 저 자신도 그 말씀에 마음이 흔들렸지요. 그런데 만일 제 마음을(솔직히 저는 이제, 아니 이제서야 가게를 진정으로 싫어하게 되었습니다만) 가게로부터 멀어지게 한 것이 실제로 그 "보다 높은 이상"이었다면 그것은 지금과는 다른 모습으로 실현되었어야 했는데, 어쨌든 저는 그 이상(理想)이라는 것 덕분에 평

구시가 광장의 킨스키 궁
(3층에 카프카가 1893년~1901년까지 다녔던 김나지움이 있고
1층 오른쪽에는 1912년에 문을 연 아버지의 가게가 있다.)

온하고도 불안스럽게 김나지움과 법학 공부의 문을 헤쳐 나와 최종적으로 지금의 이 자리에 앉게 되었지요.

아버지한테서 달아나기 위해서는 가족에게서도 달아나야 했고, 또한 어머니한테서까지 달아나야 했습니다. 우리는 어머니한테서 늘 보호를 받을 수 있었지만 그건 어디까지나 아버지와의 관계 속에서만이었지요. 어머니는 아버지를 너무나 사랑하셨고 너무나 충실하게 아버지한테 종속되어 계셨기 때문에 아이들이 아버지와 싸우며 커가는 동안 지속적이고 독자적인 정신적 힘이 되어 주실 수 없었지요. 그런 힘을 원하는 건 아이들의 당연한 본능이었으나 어머니는 시간이 갈수록 아버지와 더욱더 밀접하게 결합되셨으니까요. 어머니 자신에 관해서 어머니께서는 늘 자신의 독자적인 영역을 최소한의 범위 내에서 — 한번도 아버지의 자존심을 크게 건드리시는 일 없이 — 부드럽고 다소곳하게 지켜오셨던 반면에, 자식들에 관해서는 세월이 흐를수록 점점 더 완벽하게 이성보다는 감정에 치우쳐 아버지의 판단과 결정을 맹목적으로 받아들이게 되셨지요. 오틀라가 사실 까다로운 애이기는 했지만 그애의 경우에는 특히 그러셨지요. 물론 우리 가족 내에서 어머니라는 위치가 얼마나 고통스럽고 끝까지 애를 태워야 하는 위치였는가는 늘 잊지 말아야 합니다. 어머니는 가게 일 보시랴, 집안일 하시랴 이중으로 고생하셨고 가족 중에 누구든 병이 들면 함께 병치레를 하셨지요. 하지만 아버지와 저희들의 중간에서 겪으셔야 했던 고통이야말로 어머니로서는 가장 힘든 일이었지요. 아버지는 어머니에 대해 늘 사랑하는 마음이셨고 배려를 아끼지 않으셨지만 중간에서 겪으시는 어머니의 고통스러운 입장에 대해서는 저희들이나 마찬가지로 거의 관심을 두지 않으셨지요. 우리는 어머니를 사정없이 두들겨댔습니다. 아버지는 아버지대로, 저희는 저희대로 말입니다. 그건 일종의 기분 전환이었지요. 무슨 악의가 있어서 그랬던 것은 아니고, 오직 아버지는 저희를 상대로, 저희는 아버지를 상대로 하는 싸움만을 생각한 것이었는데, 결국 우리는 어머니를 짓밟으며 그 위에서 미친 듯 날뛰어댔던 셈이지요. 아버지가 저희 때문에 — 물론 아버지의 책임은 아닙니다만 — 어머니를 괴롭히시게 되었던 것은 애들 교육에도 좋지 않은 일이었습니다. 그로 인해 심지어는 우리가 어머니를 대할 때 평소엔 정당할 수 없는 태도조차 순간 정당한 것으로 보일 수도 있었으니까요. 어머니는 아버지 때문에 우리한테서도, 또한 우리 때문에 아버지한테서도 엄청난 고통을 겪으셨지요. 다만 어머니는 우리를 지나치게 감싸기만 하셔서 우리의 교육을 그르치시는 면도 있었으므로—비록 어머니의 이런 "과보호로 인한 그릇된 교육"조차 때로는 아버지의 체제에 대한 조용하고도 무의식적인 반대 시위일 수도 있었지만—차라리 아버지의 교육 방식이 옳으셨던 경우도 있었는데 그런 경우는 별개의 일로 해야겠지요. 물론 어머니께서는 우리들 모두에 대한 사랑과 그 사랑의 기쁨으로부터 힘을 얻지 못하셨더라면 그 모든 일을 견뎌내실 수 없었을 겁니다.

여동생들은 부분적으로만 저와 뜻이 맞았습니다. 아버지와의 관계에서 가장 행복했던 아이는 발리였지요. 어머니와 가장 친하게 지냈던 그애는 아버지도 별 어려움이나 마찰 없이 잘 따르는 편이었지요. 아버지께서도 바로 어머니를 떠올리시며 그애를 더 다정하게 받아주셨지요. 비록 그애한테는 카프카적 바탕이 거의 없었지만 말입니다. 하지만 아마도 바로 그 점이 아버지 마음에 드셨을 겁니다. 카프카적인 것이 없는데 그런 것을 요구하실 수는 없었겠지요. 아버지는 또한 다른 자식들한테서처럼 억지로라도 살려내야 할 무언가가 상실되어 있다는

여동생 발리, 엘리와 함께 **10**세 때의 카프카

느낌도 갖지 않으셨지요. 그런데 아버지께서는 카프카 가문의 기질이 여자들에게 나타났을 경우엔 그것을 별로 좋아하지 않으셨을지도 모릅니다. 발리와 아버지의 관계는 우리들이 약간 훼방을 놓지 않았더라면 아마 더욱 다정해질 수도 있었을 겁니다.

엘리는 아버지의 울타리를 뚫고서 벗어나는 데 거의 완벽한 성공을 거둔 유일한 경우입니다. 어렸을 때라면 그애가 그럴 수 있으리라고는 전혀 상상할 수도 없었을 겁니다. 그앤 둔하고, 졸립고, 겁 많고, 시큰둥하고, 꽁하고, 비굴하고, 심통스럽고, 게으르고, 군것질 밝히고, 인색하기 짝이 없는 아이였으니까요. 저는 그애를 거의 쳐다볼 수가 없었고, 그애한테 말을 거는 일은 더욱 할 수 없었습니다. 그애는 너무도 제 자신을 떠올리게 했거든요. 또한 너무도 비슷하게 아버지의 같은 영향권 안에 사로잡혀 전혀 기를 펴지 못했지요. 특히 그애의 인색한 면이 저는 혐오스러웠습니다. 어쩌면 저는 더욱더 인색한 편이었으니까요. 인색하다는 건 깊은 불행 속에 처한 사람에게서 나타나는 가장 뚜렷한 불행의 징표들 가운데 하나입니다. 저는 모든 사물에 대해 자신이 없었고 그래서 제가 실제로 소유하고 있는 것은 이미 손에 쥐고 있거나 입에 물고 있는 것, 아니면 적어도 손에 쥐려고 하거나 입 속에 집어넣고 있는 것뿐이었지요. 그런데 저한테서 그것을 가장 잘 빼앗아가곤 했던 아이가 바로 저와 비슷한 처지에 있던 그애였답니다. 하지만 그 모든 것은 그애가 자라서 집을 떠나—그것이 가장 중요한 점이지요—결혼하고 애를 낳고 하면서 변하게 되었지요. 그래서 이제 엘리는 쾌활하고, 시원시원하고, 통이 크고, 남에게 잘 베풀고, 사심 없고, 낙천적인 사람이 되었지요. 그런데 아버지께서 어떻게 이런 변화를 전혀 알아채시지 못했는지, 아니면 최소한 나타난 결과를 보고서 평가하시는 일조차 하시지 못했는지는 거의 불가해한 일입니다. 그만큼 아버지는 오래 전부터 품어오셨던 그애에 대한 원망 때문에 판단이 흐려지신 거겠지요. 그 원망은 근본적으로 바뀌지 않았고, 다만 이제는 현실성을 잃게 되어 그 정도가 훨씬 덜하게 된 것일 뿐이지요. 왜냐하면 엘리는 더 이상 우리와 함께 살고 있지도 않고 펠릭스에 대한 아버지의 사랑과 카를에 대한 애착으로 인해 그 원망은 뒷전으로 물러나게 되었으니까요. 대신 애꿎은 게르티[22]만 때때로 그 원망을 들어야 하는 신세가 되었지요.

    오틀라에 대해서는 제가 무슨 말을 해야 좋을지 매

우 조심스럽습니다. 섣불리 말씀드렸다가는 기대되는 이 편지의 효과를 전체적으로 위태롭게 할지도 모른다는 생각이 들어섭니다. 평범한 상황, 그러니까 이를테면 그애가 특별한 곤경이나 위험에 처해 있지 않을 때면 아버지는 그애에 대해 증오심만을 가지셨지요. 아버지는 저한테 스스로 고백하셨지요, 아버지가 보시기에 오틀라는 의도적으로 아버지한테 끊임없이 고통스럽고 언짢은 일만 안겨주는 아이라고 말입니다. 그래서 아버지가 그애 때문에 괴로워하시면 그애는 만족해하고 기뻐한다고요. 그렇다면 그야말로 악마와 같은 존재라 할 수 있지요. 아버지와 그애 사이엔 아버지와 저 사이의 간격보다 훨씬 더 엄청난 간격이 벌어져 있음에 틀림없습니다. 그렇게 엄청난 오해가 벌어질 수 있으니 말입니다. 그애는 아버지와 너무나 멀리 떨어져 있어서 아버지는 더 이상 그애를 볼 수가 없고 대신 그애가 있으리라고 짐작되는 곳쯤에 유령을 하나 앉혀놓으시게 된 거지요. 저도 그애가 아버지한테 특히 다루기 힘든 아이였다는 것을 인정합니다. 너무나 복잡한 경우라 그 핵심을 꿰뚫어볼 수는 없지만 그애한테는 적어도 뢰비 가문의 기질에 가까운 그 무언가가 있었지요. 거기에다 카프카 가문의 기질 중 최상의 것들로 무장을 한 채로요. 아버지와 저 사이에는 이렇다 할 싸움이라곤 없었지요. 제 쪽에서 단칼이면 날아갔으니까요. 그 결과 남게 되는 것은 도피와 참담함과 서글픔 그리고 내면에서의 싸움이었습니다. 하지만 아버지와 오틀라는 양쪽 모두 늘 싸울 태세가 되어 있었고, 늘 기가 살아 있었고, 늘 힘이 펄펄 넘쳤지요. 참 대단하고도 대책 없는 관계였지요. 애초에는 분명히 서로가 매우 가까운 사이였을 겁니다. 지금도 보면 우리 넷 중에서 아버지와 어머니의 결혼으로 합쳐진 두 분의 힘이 가장 순수하게 보존되어 있는 아이는 아마도 오틀라일 것이기 때문입니다. 저는 아버지와 그애가 어떻게 해서 아버지와 자식간의 조화로운 관계를 잃게 되었는지 모르겠습니다. 다만 우선적으로 떠오르는 생각은 제 경우와 비슷한 과정이 있었을 거라는 겁니다. 아버지 쪽에서는 그 특유의 폭군적인 기질이, 오틀라 쪽에서는 뢰비적 기질인 반항심, 예민한 감성, 정의감, 불안감이 발동하여 서로 충돌을 일으키게 되었고 양쪽 다 그 바탕에는 카프카적 힘에 대한 의식이 강하게 자리잡고 있었던 거지요. 아마 저도 그애한테 무슨 영향을 미치기는 했겠지만 대개는 자발적인 동기에서가 아니라 단지 내가 그애와 함께 있다는 단

카프카의 여동생 오틀라(**18**세)

순한 사실만으로 그랬을 겁니다. 그런데 그애는 이미 성립되어 있던 세력 관계 속에 마지막으로 뛰어들어 주변에 마련되어 있는 수많은 자료를 바탕으로 자신의 생각을 스스로 형성해나갈 수 있었지요. 저는 그애가 한동안은 아버지 편에 서야 할지, 아니면 우리 편에 서야 할지를 놓고서 심각한 동요를 보였을 거라는 생각까지도 해봅니다. 보아하니 아버지께서는 그 당시 별 생각이 없으셨을 테고 그러다가 그애를 그만 밀쳐버리셨겠지요. 만일 그렇지 않았더라면 아버지와 그애는 환상적인 짝이 되었을 텐데 말입니다. 그로써 저는 우군을 한 명 잃게 되었을 테지만, 아버지와 딸의 의좋은 모습을 바라보는 것만으로도 저한테는 충분한 보상이 되었을 겁니다. 또한 아버지께서는 적어도 한 아이에게서만은 충만한 만족감을 얻을 수 있는 무한한 행복을 누리시게 됨으로써 제가 원하는 방향으로 변하셨을지도 모를 일이지요. 하지만 지금 와서 그 모든 것은 한낱 꿈에 불과한 일이 되었지요. 오틀라는 아버지와의 관계를 단절한 채 저처럼 자신의 길을 혼자서 찾아나가야 하는 신세가 되었지요. 그리고 그애는 저에 비해 더 많은 확신과 자신감, 더 나은 건강과 결단력을 지니고 있기 때문에 아버지 눈에는 저보다 더 꼴사납고 더 큰 배신감을 안겨주는 자식으로 보이게 되었을 겁니다. 저도 이해는 합니다. 아버지 쪽에서 볼 때 그애는 달리 어쩔 수 없는 아이겠지요. 하지만 제가 볼 때 그애는 아버지의 눈으로 자신을 바라볼 수 있고, 아버지의 고통을 함께 느끼면서 그에 대해 — 절망하지는 않지만, 절망은 주로 저의 일이지요 — 진정으로 슬퍼할 줄 아는 아이랍니다. 얼핏 보면 이 말과는 어긋나 보이는 것일지 모르겠지만, 어쨌든 아버지는 우리가 함께 있는 모습을 자주 보셨겠지요. 우리가 속닥거리고 웃고 할 때면 때때로 아버지를 언급하는 소리도 들으셨겠구요. 그때마다 아버지는 뻔뻔스러운 역모의 현장을 본 듯한 인상을 받으시겠지요. 이상한 역모자들이라 할 수 있지요. 아버지는 물론 옛날부터 우리의 대화나 우리의 생각 속에서 주된 대상으로 등장해오셨습니다만, 우리가 서로 붙어 앉아 이야기를 나누었던 것은 결코 아버지한테 해가 될 무언가를 꾸며내기 위해서가 아니라, 아버지와 저희 사이에 영원히 가로놓여 있는 그 지긋지긋한 싸움에 대해 그 주변의 세세한 이야기까지도 시시콜콜 함께 늘어놓으며 가까이 다가가기도 하고 멀찍감치 떨어지기도 하면서 모든 각도에서 총체적으로 바라보고 또 그

원인들을 하나하나 따져보면서 서로 깊은 이야기를 나누기 위해서였던 겁니다. 그럴 때면 우리는 갖은 노력을 다 기울였지요. 때론 농담의 기분이 되기도 하고 때론 진지한 자세가 되기도 하면서, 애정과 반항, 분노와 혐오, 체념과 죄의식의 감정을 함께 느끼며 머리와 가슴속에 깃들여 있는 힘을 모두 다 바쳤지요. 싸움에서 아버지는 언제나 판관이 되어 내려보는 입장에 서시고자 했지만, 적어도 대부분의 경우에는(이 말로 저는 제가 당연히 범할 수도 있는 모든 오류의 가능성을 열어두고자 합니다만) 아버지께서도 저희나 마찬가지로 약자이셨으며 사태를 제대로 보지 못하는 쪽이셨습니다.

아버지의 교육적 영향이 어떠한 것이었는가에 대해 전체적으로 많은 점을 시사해주고 있는 좋은 예는 이르마였습니다. 한편으로 볼 때 그녀는 남이었고 이미 다 자라서 아버지의 가게에 들어와 아버지와는 주로 사장과 직원의 관계로 접촉을 해왔기 때문에 아버지의 영향을 부분적으로만 받았을 뿐이었고 그땐 이미 저항력을 갖춘 나이였지요. 하지만 다른 한편으로 보면 그녀는 가까운 혈족으로서 아버지의 조카딸이기도 했으므로 아버지는 사장으로서의 단순한 권력 이상으로 훨씬 더 많은 힘을

취라우에서 여동생 오틀라(왼쪽)와 사촌 이르마

그녀에게 미칠 수 있었지요. 그럼에도 불구하고 몸이 약한 그녀는 유능하고, 지혜롭고, 부지런하고, 겸손하고, 믿음직스럽고, 사심이 없고, 충직했으며, 아버지를 작은 아버지로서 사랑했고 사장으로서 존경했지요. 또한 그녀는 그 이전과 그 이후 다른 직장에서도 자신의 몫을 톡톡히 해냈지요. 아버지한테는 별로 탐탁스러운 직원이 아니었지만 말입니다. 그녀는 자연히 우리한테도 치이게 되었고 아버지 앞에서는 아이나 다름이 없었지요. 사람을 좌지우지하시는 아버지의 힘은 그녀에게도 너무나 큰 것이어서 그녀한테는 (다만 아버지 앞에서만) 건망증, 무관심, 억지 웃음, ─능력이 되는 한에서는─심지어 반항심까지도 나타나게 되었지요(그와 더불어 그녀에게 깊은 고통이 따르지 않았기를 바랄 뿐입니다). 그런데 저는 이 말씀을 드리면서 그녀가 허약한 몸이었고 평소에도 별로 행복하질 못했고 어떤 절망적인 가정 형편이 그녀의 어깨를 짓누르고 있었다는 사실은 고려에 넣지 않았습니다. 제가 보기에 아버지와 그녀는 여러 가지 일로 접촉이 많았는데 그 점에 대해 아버지는 짧게 이런 말을 던지셨지요. "그년 얌전한 체하더니 글쎄 나한테 지저분한 일만 잔뜩 남겨두고 떠났지 뭐냐." 그런 식의 말은 이제 우리한테는 너무나 익숙해져서 고전적이라 할 만한 것으로 어떻게 들으면 거의 불경스러운 말이었지만, 다른 한편으로는 사람을 다루실 때 나타나는 아버지의 천연덕스러운 성품을 잘 드러내주는 말이기도 합니다.

아버지의 막강한 영향력과 그에 대한 저항의 이야기는 또 다른 부류의 사람들을 예로 들어 계속해볼 수도 있겠지만, 그 경우엔 제 기억이 확실치 않아 잘 짜맞추어야 할 겁니다. 게다가 아버지는 가게와 가정에서 멀리 떨어지실수록 그만큼 더 다정하고, 관대하고, 친절하고, 사려 깊고, 동정적인 모습이 되시지요(제 말씀은 물론 겉으로만 그렇게 되신다는 거지만 말입니다). 그건 가령 어떤 독재자라도 일단 자기 나라를 벗어나게 되면 더 이상 독재적일 필요가 없게 되어 더없이 비천한 사람들과도 잘 어울릴 수 있는 것이나 마찬가지의 이야기이지요. 실제로 아버지는 프란첸스바트에서 찍은 단체 사진 같은 것들을 보면 언짢은 표정의 왜소한 사람들 사이에서 내내 유쾌한 얼굴로 우람하게 서 계신 모습을 볼 수 있습니다. 마치 여행중이신 왕처럼 말이에요. 우리들도 그 점을 잘만 이용했더라면 어떤 이득을 볼 수도 있었을 텐데, 다만

프란첸스바트에서의 가족 사진

우리는 어려서 그 점을 제대로 간파할 능력이 없었지요. 가령 제 경우엔 아버지의 영향력이 가장 강력하고도 엄격하게 작용하는 숨막힐 듯한 테두리 안에서 살았는데 그러지만 말고 과감히 뛰쳐나갔어야 했지요. 결국 그렇게 하지 못하고 말았지만요.

그로 인해 저는 아버지가 말씀하시듯 가족과의 유대감을 단지 상실한 것이 아니라, 오히려 반대로 가족을 더 생각하게 되었습니다. 다만 그런 마음은 (물론 결코 끝날 수 없는) 아버지와의 내적 결별에 주로 부정적인 영향을 미치게 되었지요. 그런데 가족 이외의 사람들에 대한 관계도 아버지의 영향으로 인해 아마도 더 큰 해를 입게 되었습니다. 제가 남들을 위해서라면 무슨 일이든 마다 않고 열과 성을 다 바치면서도 아버지와 가족을 위해서는 본체만체 아무 일도 하지 않는 놈이라고 생각하신다면 그건 크나큰 오산이십니다. 열 번이라도 되풀이해서 말씀드립니다만, 저는 그렇지 않아도 분명히 사람을 혐오하고 경계하는 인간이 되었을 겁니다. 그러나 그런 모습과 제가 실제로 도달한 모습 사이에는 아직 멀고도 어두운 길이 놓여 있습니다(지금까지는 이 편지에서 제가 고의로 감추고서 말씀드리지 않은 것은 거의 없었지만,

이제부터는—아버지와 제 자신 앞에서—밝히기가 아직은 너무도 어려운 몇 가지 정도는 감추어야 할 것 같습니다. 제가 이런 말씀을 드리는 것은 만일 이야기의 전체적인 모습이 간혹 좀 흐릿해진다 해도 아버지께서 그건 증거가 부족하기 때문이라고 생각하시지 않도록 하기 위해서입니다. 증거로 말한다면 오히려 그 모습을 역겨우리만치 선명하게 드러내줄 만한 것들이 얼마든지 있지요. 다만 그 중간을 찾기가 쉽지 않을 뿐입니다). 지금은 앞에서 했던 말을 다시 꺼내는 것으로도 족합니다. 그건 바로 제가 아버지 앞에 서기만 하면 자신감을 잃고 그 대신 한없는 죄의식만 갖게 된다는 말이었습니다(그 죄의식의 '한없음'을 떠올리며 저는 언젠가 누군가에 대해 "그는 수치심이 자기보다 더 오래 살아남을까 두려워하고 있다"[23]고 쓴 적이 있지요). 다른 사람들을 만난다고 해서 제가 갑자기 변할 수는 없었지요. 오히려 저는 그들 앞에서 더욱더 깊은 죄의식을 갖게 되었답니다. 왜냐하면 이미 말씀드렸듯이 아버지가 저와의 공동 책임 아래 가게에서 그들에게 지었던 빚을 제가 다시 그들에게 갚아주어야 했기 때문이지요. 게다가 아버지는 제가 사귀는 사람이면 누구건 어떻게든 트집을 잡으셔서 공개적으

『소송』의 육필 원고

로건 아니면 은밀하게건 비난을 하시지 않으면 직성이 풀리시지 않았지요. 그 점에 대해서도 저는 그들에게 사죄를 해야 했습니다. 아버지는 가게에서나 집 안에서나 틈만 나시면 저한테 세상 사람들에 대한 불신을 가르치고자 하셨지요(어린 시절 제게 어떤 식으로든 중요했던 사람치고 아버지한테 적어도 한번쯤 묵사발이 되도록 욕을 얻어먹지 않았던 사람이 있으면 한번 대보세요). 그런데 아버지는 이상하게도 자신이 그런 불신을 받는 경우에도 별로 괴로워하시는 기색이 없으셨지요(아버지는 워낙 강하셔서 그런 일쯤은 충분히 견뎌내실 수 있었고, 더군다나 불신은 사실상 어쩌면 지배자의 한 상징일 뿐이었을 겁니다). 어린 제 자신의 눈으로는 어디서도 그런 불신을 확인할 수 없었지요. 가는 곳마다 감히 올려다볼 수도 없을 정도로 훌륭한 사람들만 보였으니까요. 그 불신은 바로 제 마음속에서 제 자신에 대한 불신이 되었고 다른 모든 것에 대한 끊임없는 불안이 되었습니다. 그러니 저는 이딜 가노 아버지의 손아귀를 벗어날 수가 없었다고 할 수 있지요. 아버지는 그것을 잘못 생각하고 계셨는데 아마도 그것은 아버지께서 저의 사람 교제에 대해 사실상 전혀 아무런 이야기도 들어보신 적이 없었고 불신과 질투로 인해(아버지가 저를 사랑하신다는 건 인정합니다만) 막연히 '저 녀석은 가정 생활의 결손을 다른 곳에서 만회하고 있는 것임이 분명해, 저 녀석이 밖에 나가서도 집에서와 마찬가지로 지낸다는 것은 있을 수 없을 테니까'라는 추측을 하고 계셨을 것이기 때문입니다. 그런데 저는 그와 관련하여 그 당시 제 자신에 대한 불신에서 일종의 위안 같은 것을 느꼈습니다. 그래서 제 자신에게 말했지요. "너는 너무 과장하고 있어, 어린 애들처럼 역시 별것 아닌 일을 가지고 대단히 특별한 것인 양 부풀려 생각하는 경향이 너무 커"라고 말입니다. 하지만 그런 위안은 나중에 세상 보는 눈이 넓어지면서 거의 없어지고 말았지요.

저는 아버지로부터 벗어날 수 있는 구원의 길을 유대교 신앙에서도 찾아보았으나 그 역시 허사였습니다. 유대교 자체만 보면 거기에는 구원의 길이 열려 있을 겁니다. 뿐만 아니라 아버지나 저나 양쪽 다 유대교를 통해 서로를 발견한다거나 어쩌면 그 신앙을 바탕으로 서로 마음이 맞아 잘 지낼 수도 있었을 텐데 말이에요. 그런데 제가 아버지로부터 전수받은 것은 도대체 어떤 유대교였나요! 커가면서 저는 그것에 대해 대략 세 가지의 방식으로 반응을 보였습니다.

어렸을 때는 사원에도 잘 나가지 않고 금식도 안 하고 했기 때문에 아버지가 시키시는 대로 제 자신을 질책하며 반성했지요. 그런 일로 저는 제 자신이 아니라 아버지한테 죄를 짓는 것이라 생각했고 그때마다 죄의식이 저를 가로질러 지나갔지요. 저는 늘 죄의식에 쉽게 사로잡힐 수 있는 아이였으니까요.

나중에 청년이 되어서는 아버지가 지니신 그 빈약한 신앙으로 어떻게 저를 비난하실 수 있는지 이해가 안 되었습니다. 비난의 이유는 제가 (아버지 표현대로 하자면 너무 경건한 나머지) 신앙 생활을 아버지와 비슷한 식으로 하려고 하지 않는다는 거였어요. 제가 보아온 바로 아버지의 신앙은 정말이지 알량하고도 장난스러운 것이었지요. 아니 장난조차도 못 되었습니다. 아버지는 일 년에 네 번쯤 사원에 나가셨고, 가서는 진지한 사람들보다는 건성인 사람들과 어울리시는 편이었고, 기도도 그저 형식적인 일로서 꾹 참으시면서 대충 해치우셨지요. 그런가 하면 저한테 독송중인 기도서의 구절을 가리켜 보이심으로써 가끔씩 저를 놀라게 하시는 일도 있었지요. 그런데 저는 사원에 가기만 하면 (가는 게 어려운 일이었지만) 제가 원하는 곳에 아무데나 앉아 있으면 되었지요. 그 오랜 시간 동안 저는 내내 하품을 해대고 꾸벅꾸벅 졸기도 하고 (나중에 자라서 제가 그 정도로 지루해 했던 때는 무용 시간뿐이었던 같아요) 틈만 나면 사원 안에서 벌어지는 몇 가지 사소한 흥미거리들을 보며 즐기고자 했지요. 가령 율법의 궤[24]가 열린다든가 하면 흥미가 발동되었습니다. 그때마다 저는 유흥지의 오락 사격장을 떠올리곤 했지요. 거기서도 한가운데의 검은 점을 쏘아 맞추면 상자의 문이 열리곤 했는데, 다만 그곳에서는 늘 재미있는 물건이 튀어나왔으나 사원의 궤에서는 언제나 머리 없는 낡은 인형들만 나왔지요. 그런데 사원에서 저는 두려움도 많이 느꼈습니다. 저한테는 당연한 일로 면식이 있는 많은 사람들과의 접촉 때문만이 아니라, 아버지가 언젠가 무슨 이야기를 하시다가 함께하셨던 말씀 때문이기도 했지요. 그것은 바로 저도 토라[25]의 독송을 위해 불려나갈 수 있다는 말씀이었습니다. 그 후로 저는 몇 년 간이나 앞으로 불려나갈까봐 가슴을 졸이며 떨어야 했지요. 그 일말고는 저의 지루함을 방해할 만한 일은 별로 없었지요. 그런 일로는 우스꽝스런 암기만을 요구했던, 그래서 외운 것을 줄줄 읊조리기만 하면 되

초기에 카프카 가족이 다녔던 유대교 사원 핑카스

유대교 사원의 천장

었던 바르-미츠바 행사[26] 정도가 고작이었지요. 그 밖에는 아버지와 관계된 일로 가령 아버지가 토라 독송에 불려나가셔서 그 일을 잘해내셨을 때라든가 — 제가 느끼기에 그 일은 순전히 사교상의 일이었지요 — 영혼 기념 축일날 아버지는 계속 사원에 계시면서 저더러는 집에 가라고 하셨을 때였지요. 그 일은 저한테 오랫동안 저 혼자서만 집에 가라고 하신 데에는 거기에 분명히 무언가 점잖지 못한 일이 있기 때문에 그런 거라는 느낌을 갖게 했는데, 그 느낌은 그에 대해 별다른 깊은 관심을 기울이지 않았기 때문에 거의 의식되지 못한 채로 남게 되었지요 — 사원에서도 그 정도였으니 집에서는 아마 더욱더 한심했다고 할 수 있을 겁니다. 유월절 축제[27]의 첫째날 저녁 파티가 전부였으니까요. 그것마저 갈수록 발작적인 웃음을 터뜨리는 코미디처럼 되어갔는데, 그건 점점 커가는 아이들의 극성 때문이었지요(아버지는 왜 아이들이 그러는 것을 가만 놔두셔야 했나요? 그건 아버지 자신이 그것을 조장하셨기 때문이지요). 그러니까 이 모든 것이 바로 저한테 전수된 신앙의 실체였습니다. 거기에다 추가를 한다면 기껏해야 "백만장자 푹스의 아들들"을 가리키기 위해 뻗으셨던 손 정도였지요. 큰 축일날 자기

아들 카프카의 바르-미츠바 행사에 대한 아버지의 초대장

당시의 카프카(13세)

아버지와 함께 사원에 모습을 나타내곤 했던 그애들 말이에요. 이런 정도의 신앙이라면 그것을 가능한 한 속히 버리는 일보다 어떻게 더 나은 일을 할 수 있을지 저로서는 이해가 안 되는 일이었습니다. 그래서 아버지가 저한테 물려주신 그 신앙을 버리는 것 자체가 저한테는 가장 신성한 행위인 듯이 보였지요.

그런데 더 커서 저는 그것을 다시 다르게 바라보았고 아버지께서 왜 제가 이 문제에 있어서도 아버지를 배신한 괘씸한 놈이라고 생각하실 만했는지를 이해하게 되었습니다. 아버지는 게토와도 같은 작은 시골 마을을 떠나오시면서 실제로 약간의 유대교 신앙도 함께 가지고 오셨던 것인데 보잘것없는 그 신앙마저 도회지 곳곳을 전전하시고 군대 생활도 하시면서 더욱 볼품이 없게 되었지요. 그렇지만 젊었을 때의 인상과 기억만으로도 빈약하나마 어느 정도의 유대교 신앙 생활을 유지하기에는 족한 것이었습니다. 무엇보다 아버지는 신앙 생활에서 도움이란 걸 별로 필요로 하시지 않았고 원체 씩씩한 혈통을 타고나신 데다 아버지란 분 자체가 종교적인 문제로 인해 그것이 사회적인 문제와 별로 연관이 없으면 거의 영향을 받지 않는 분이셨으니까요. 근본적으로 볼 때 아버지의 삶을 이끌었던 신앙의 요체는 결국 아버지께선 당신 자신의 견해만을 굳게 믿으셨다는 데에 있습니다. 아버지는 어느 특정 유대인 계층의 견해를 무조건적으로 옳다고 믿으셨고, 따라서 그들의 견해가 곧 아버지의 견해였으니까요. 거기에도 유대교의 정신은 나름대로 충분히 살아 있었으나 그것은 그대로 아이에게 전수하기에는 너무 빈약한 것이었지요. 아버지가 그것을 전수하시는 동안 그것은 물방울 모이듯 아주 조금씩 쌓여 나름대로 하나의 전체를 이루게 되었지요. 그 중의 일부는 전수될 수 없는 젊은 시절의 체험적 인상들이었고, 또 일부는 사람들이 두려워하는 아버지의 성품이 그대로 반영된 것이었지요. 저처럼 온통 불안으로 가득 차서 지나치게 예민한 관찰을 하는 아이한테 아버지가 유대교라는 이름하에 건성으로 행하셨던 몇 가지의 무가치해 보이는 일들에도 ―건성은 무가치와 잘 어울리는 것이지요― 어떤 깊은 뜻이 들어 있을 수 있다는 것을 이해시킨다는 것은 불가능한 일이었습니다. 아버지한테 그 일들은 흘러간 시절을 기념하는 작은 추억거리로서의 의미를 가졌고, 그 때문에 아버지는 그것들을 저한테 전하시고자 했던 것이었지만 그 일들이라는 것이 아버지한테도 그 자체로는 더 이상 가치가 없는 것이었기에 설득이나 위협을 통해서만 그렇게 하실 수 있었지요. 그러니 그것은 한편으로 볼 때 잘될 수가 없는 일이었고, 다른 한편으로 보아도 아버지는 그 일에서 자신의 궁색한 입지를 전혀 인식하시지 못한 데다 아버지가 보시기에 저란 놈은 워낙 꽉 막힌 놈이었기 때문에 그 일로 아버지는 저한테 화를 내실 수밖에 없었지요.

 이 모든 것은 개별적인 현상이 아니었습니다. 비교적 그래도 경건한 편이었던 시골을 떠나 도시로 이주해 온 대부분의 과도적인 유대인 세대한테는 유사하게 나타났던 보편적인 현상이었습니다. 그건 자연스럽게 나타난 결과였는데, 다만 날카롭게 대립되었던 아버지와 저의 관계에는 괴롭기 그지없는 고통스러움이 더해졌을 뿐이었지요. 그런데 그에 대해 역시 아버지는 저와 마찬가지로 결백하시긴 하지만, 그 결백함은 아버지의 성품과 시대 상황으로 인한 것이지 단지 외적인 상황만으로는 설명될 수 없는 일입니다. 그러니까 이를테면 아버지는 그런 일들[28]에까지 신경을 쓰시기에는 너무나 다른 일들과 걱정거리가 많았다고 말씀하시면 안 된다는 말이지요. 그리하여 아버지께서는 자신의 명백한 결백함을 근거 삼

프라하의 구시가 광장

아 부당하게도 다른 사람들한테로 비난의 화살을 돌리시 곤 하셨지요. 그것이 부당한 일이라는 건 언제든지, 지금 이라도, 아주 쉽게 설명드릴 수 있습니다. 문제는 가령 아버지께서는 자식들한테 어떤 가르침을 주셨어야 했는 데 그러지를 못하셨다는 데에 있는 것이 아니라, 아버지 스스로 자식들한테 모범적인 생활을 해 보이지 못하셨다 는 데에 있었으니까요. 만일 아버지의 유대교 신앙이 더 확고했더라면 아버지는 우리한테 더 설득력 있는 본보기 가 되셨을 텐데 말입니다. 이것은 물론 아버지를 비난하 는 말이 아니라 아버지의 비난을 방어하기 위한 말입니 다. 요전에 아버지는 프랭클린의 젊은 시절 회고록을 읽 어보셨지요. 저는 그 책을 사실 의도적으로 아버지한테 읽어보시라고 드린 거였지만, 아버지가 비꼬듯이 말씀하 신 것처럼 그 책에 잠깐 나오는 채식주의에 대한 짧은 구 절 때문이 아니라, 거기엔 저자와 그의 아버지간의 관계 가 잘 묘사되어 있고 또한 저자와 그의 아들간의 관계도 ─그 회고록은 그의 아들을 위해 씌어진 것이므로─ 아주 자연스럽게 드러나 있기 때문에 권해드린 거였습 니다. 여기서 그 세세한 내용까지 들추어낼 생각은 없습 니다.

아버지의 유대교 신앙에 대한 저의 이런 생각을 저는 최근에 아버지가 보이신 태도를 통해서도 말하자면 추후 확인할 수 있었습니다. 그때 아버지한테는 제가 유대교에 관한 것들에 전보다 더욱 몰두하고 있는 것으로 보였겠지요. 아버지는 본래 제가 열중하는 일마다, 특히 제가 관심을 갖는 방식에 대해 반감을 가지고 계시기 때문에 이번에도 역시 그런 반감을 보이셨지요. 그런데 이번만은 잠깐이나마 예외를 보이실지도 모른다는 기대를 할 수도 있었는데 말입니다. 그래도 아버지의 유대교 정신 가운데 그야말로 그 진수라 할 만한 부분은 약간의 움직임을 보였지요. 그와 더불어 아버지와 제가 새로운 관계를 맺을 수 있는 가능성도 살짝 열렸었구요. 만일 아버지가 그것들[29]에 관심을 보이셨더라면 바로 그 때문에 저한테는 그것들이 의심스럽게 비칠 수도 있었을 거라는 점을 부인하지는 않습니다. 그와 관련하여 제가 왠지 아버지보다 더 낫다고 주장하고 싶은 마음은 추호도 없습니다. 누가 더 나은지 속으로 가늠해본 일도 결코 없었습니다. 제가 전도를 하자 아버지는 유대교가 혐오스러워지셨고 유대교 경전들은 이제 거들떠보기도 싫고 아예 "구역질이 날 정도"가 되셨지요—그것은 곧 제가 어렸을 때 아버지가 저한테 보여주셨던 것과 같은 유대교만이 유일하게 올바른 것이며 그 이외의 것은 유대교가 아니라고 주장하시는 것임을 의미할 수도 있었습니다. 그러나 아버지께서 그런 주장을 하신다는 것은 거의 생각할 수도 없는 일이었지요. 하지만 "구역질이 날 정도"라는 것은(그 구역질이 처음에는 유대교를 향한 것이 아니라 바로 저를 향한 것이었다는 점은 논외로 하고) 아버지께서 자신의 유대교와 저에 대한 유대교 교육이 취약하다는 것을 무의식적으로 인정하시는 것이며 무슨 일이 있어도 그 사실이 들추어지는 것을 용납하실 수가 없고 그 사실을 들추어내는 것이면 무엇에 대해서건 노골적인 증오로 답을 하신다는 것말고 다른 무엇을 의미하는 것이겠어요. 그런데 저의 새로운 유대교 신앙을 부정적인 방식이지만 그렇게 높이 평가해주신 것은 너무 지나치셨습니다. 첫째로 제가 새롭게 알게 된 유대교 신앙은 아버지의 저주를 견뎌내야 했고, 둘째로 신앙이 발전하려면 기본적으로 다른 사람들과의 관계가 결정적인데 제 경우에는 그 점에서 치명적인 약점을 지니고 있었지요.

저의 글쓰기 일과 아버지께서는 모르시는 그와 연관된 일에 대해서는 아버지의 혐오가 비교적 합당했습니다. 그 일을 할 때 저는 아버지한테서 벗어나 실제로 어느 정도의 독립을 누릴 수 있었지요. 비록 꼬리 부분이 발에 짓밟힌 채 몸을 빼내려고 머리 부분으로 용을 쓰다가 간신히 조금 옆으로 몸을 옮길 수 있게 된 벌레의 모습이 연상되긴 했지만 말입니다. 글을 쓸 때면 저는 어느 정도 안심이 되었고 안도의 숨을 내쉴 수 있었지요. 그래서 저의 글쓰는 일에 대해 아버지께서 당연히 즉각적으로 가지셨던 혐오감이 이 경우에는 예외적으로 반가운 일이었습니다. 저의 허영심과 저의 명예욕은 아버지가 제 책에 대해 하시던 말씀—그 말은 우리 집안에선 유명한 말이 되었지요—, "침대맡 탁자에 올려놔라!"라는 말씀으로(새 책이 나와 그것을 드릴 때면 아버지는 대개 카드를 치고 계셨지요) 여지없이 깨져버리곤 했지만, 내심으로는 그때 저는 기뻤습니다. 그것은 고개를 쳐들고 반항하고 싶은 사악한 마음 때문만도 아니었고 아버지와 저의 관계에 대해 제가 가졌던 생각을 새롭게 확인하게 된 것에 대한 만족감 때문만도 아니었지요. 아주 근본적으로 그 말은 제게 마치 "이제 너는 자유다!"라고 말하는 것처럼 들렸기 때문입니다. 물론 그건 착각이었지요. 저는 결코 자유롭지 않았고 가장 잘되어야 앞으로는 자유

카프카의 첫번째 책 『관찰 *Betrachtung*』(1912)

로울 수 있어도 아직은 자유롭지 못하다는 것이었지요. 제 글은 아버지를 상대로 해서 씌어졌는데 글 속에서 저는 평소에 직접 아버지 가슴에다 대고 원망할 수 없는 것만을 토로해댔지요. 그건 오랫동안에 걸쳐 의도적으로 진행된 아버지와의 결별 과정이었습니다. 그건 아버지에 의해 강요된 것이었지만 제가 정해놓은 방향으로 진행되어 갔지요. 그러나 그 모든 것은 얼마나 부질없는 짓이었는지요! 그것은 이야기할 만한 가치조차 없는 일이었지만 그래도 이렇게 이야기를 하고 있는 것은 다만 그것이 저의 삶 속에서 일어난 일이었기 때문일 뿐이며—그 일이 만일 다른 사람의 삶 속에서 일어났다면 결코 눈치챌 수 없었을 겁니다—, 그리고 또 다른 이유가 있다면 그 일은 어렸을 때는 어렴풋한 예감으로서, 나중에는 희망으로서, 더 나중에는 종종 절망으로서 제 삶을 지배해왔고—이를테면 또다시 아버지의 모습이 되어—제가 몇 가지 작은 결정을 내릴 때 압력으로 작용했기 때문입니다.

가령 직업 선택의 경우가 그 한 가지 예입니다. 확실히 아버지는 그 일에 있어서만큼은 마치 인심을 쓰시듯 관대하게도 저에게 완전한 자유를 허락하셨지요. 다만 그때 아버지가 그렇게 하시기로 한 데에는 유대인 중류 가정에서 일반적으로 아들을 다루는 법이나 아니면 적어도 그들의 기본적인 가치관이 결정적으로 작용했지요. 그와 더불어 또한 저라는 사람에 대한 아버지의 오해도 한몫 했다고 할 수 있습니다. 이를테면 아버지는 오래 전부터 아들에 대한 아버지로서의 자부심에서, 혹은 제가 실제로 어떤 존재인지를 잘 모르셔서, 혹은 저의 허약한 모습으로부터 거꾸로 추론을 하셔서, 저를 대단히 부지런한 인간으로 여겨오셨지요. 아버지가 보시기에 저는 어렸을 때는 부단히 무언가를 배웠고 나중에는 끊임없이 무언가를 써댔으니까요. 그러나 그것은 사실과는 너무나 거리가 먼 이야기입니다. 약간 과장을 섞어 말하자면 오히려 저는 공부를 거의 하지 않았고 배운 게 하나도 없었습니다. 그렇지만 그 오랜 세월을 지내며 제 머릿속에 약간의 지식이나마 남아 있게 된 것은 별로 이상한 일이 아닙니다. 제 기억력이 남들만큼은 되고 이해력도 아주 형편없는 편은 아니니까요. 그러나 어쨌든 제가 갖게 된 지식이란 다 합쳐봐도 — 특히 그 기초에 있어서는 — 겉으로 보기에 걱정 없고 편안해 보이는 삶을 살며 들였던 시간과 돈에 비하면, 더구나 제가 알고 있는 거의 모든 사람들의 경우에 비해서도, 너무나 초라하기 이를데없는 것입니다. 초라하긴 해도 저로서는 이해가 되는 일입니다. 생각을 할 수 있게 된 이후로 저는 줄곧 정신적 생존의 문제에만 너무도 깊이 몰두해왔기 때문에 다른 일들은 모두 관심 밖의 일이었습니다. 우리 사회에서 유대인 출신으로 김나지움 학생인 경우는 금방 눈에 띄게 마련이고 도저히 있을 수 없는 일처럼 여겨지기도 하지만, 가만히 놔두면 한없이 환상에 빠져들면서도 냉정한 시선을 잃지 않았던 아이로서 저의 무관심은 차갑고도 거의 노골적이었으며, 무엇에도 흔들리지 않았고, 어린아이답게 어찌할 바를 몰랐고, 바보처럼 보일 만큼 어처구니가 없었고, 동물처럼 자족적인 모습을 보이기도 했기 때문에 저는 더욱더 유별난 존재였을 겁니다. 제 자신도 그런 모습의 무관심은 어디에서도 보지 못했으니까요. 하지만 그것 역시 불안과 죄의식으로 인해 신경이 마멸되는 일을 막기 위한 유일한 방어 수단이었지요. 저는 오직 제 자신에 대해서만 몰두했는데 그 방식은 아주 다양했습니다. 가령 제 건강에 대한 염려도 그 한가지였습니다. 처음에는 가볍게 시작되었지요. 그러다 차츰 소화 불량, 탈모, 척추 만곡 등등에 대한 가벼운 불안으로 나타났고 그 불안은 무수히 많은 단계들을 거쳐 고조되다가 마침내는 실제로 병이 나버리게 됨으로써 끝이 났지요. 그런데 저는 무슨 일에도 자신이 없었고, 매순간 저의 존재를 새롭게 확인해야 했고, 나 자신만의 확실한 소유물, 오직 나만이 마음대로 할 수 있는 소유물이라곤 하나도 없었기 때문에 ─사실 저는 무슨 소유권을 주장할 만한 자격이 없는 내놓은 자식이긴 했지만 말입니다─, 가장 가깝게 느껴지는 제 자신의 몸조차도 확실치 않게 되었습니다. 키만 껑충하게 자랐지 아무짝에도 쓸모가 없었지요. 웬만한 짐은 너무 무거워 등이 휘어져버렸지요. 몸 움직이는 일을 꺼려했으므로 기계 체조 같은 것은 엄두도 내지 못했지요. 그래서 저는 내내 허약한 편이었습니다. 그래도 아직 나의 소유로 느껴지는 것이 있을 때면 저는 마치 기적을 본 듯이 놀라워했지요. 가령 저의 뛰어난 소화력과 같은 경우가 그런 예입니다. 그러니 그것을 잃는다 해도 무리는 아니었지요. 이제 우울증 증세를 보이는 일은 시간 문제였습니다. 그러다가 결혼을 하겠다는 엄청난 결심을 한 후(이에 대해서는 뒤에 더 이야기를 하겠습니다) 가히 초인적인 노력을 기울이게 되면서는 그만 각혈을 하고 말았지요. 그렇게 된 데에는 아마 쉔보른 궁의

쇤보른 궁
(3층에 카프카의 방이 있었고 **1917**년 **8**월초 이곳에서
카프카는 폐결핵의 시작을 알리는 각혈을 한다.)

방[30]도 한몫을 단단히 했을 겁니다. 제가 굳이 그 방을 필요로 했던 이유는 단지 글을 쓰는 데 그 방이 그저 좋을 것 같다는 생각이 들어서였습니다. 이 글도 그 방에서 쓴다면 잘 어울릴 텐데 말이에요). 따라서 그간의 일은 아버지께서 늘 상상하셨던 것처럼 무슨 엄청나게 큰일로부터 비롯된 것이 아니었습니다. 몇 년 동안이나 저는 넘치도록 건강하면서도 아버지가 병 드셨을 때를 포함해서 평생 동안 소파에 누우셨던 것보다 더 많은 시간을 소파에 누워 빈들거렸던 적이 있었지요. 할일이 엄청나게 많다는 듯 저는 황급히 아버지한테서 달아나곤 했는데 대개는 제 방에 들어가 드러눕기 위해서였습니다. 사무실에서나(그곳에선 게으름을 피워도 잘 눈에 띄지도 않거니와 소심한 성격 때문에 저의 게으름은 도를 넘은 적이 없었지요.) 집에서나 제가 하는 일의 양은 다 합쳐봐도 얼마 되지 않습니다. 만일 아버지께서 제 생활을 위에서 내려다보실 수 있다면 기가 차서 입을 다무시지 못할 겁니다. 아마도 저는 기질상 결코 게으른 편은 아니지만 제가 할일이 별로 없었습니다. 제가 사는 곳에서 저는 비난을 받고, 저주를 받고, 무참히 짓눌렸지요. 그래서 다른 곳으로 피신하고자 무진 애를 써보았으나 그건 노력한다고 될 일이 아니었습니다. 왜냐하면 그건 몇 번의 작은 예외가 있긴 했지만 제 힘으로는 도무지 이룰 수 없는 불가능한 일이었기 때문입니다.

그러니까 저는 바로 그런 처지에서 직업 선택의 자유를 얻게 된 것이었지요. 저한테 아직 그런 자유를 실제로 잘 이용할 만한 능력이 도대체 남아 있었을까요? 저한테 아직 정말로 어떤 직업을 가질 수 있는 자신이 과연 있었을까요? 제 자신에 대한 저의 판단은 아버지한테 거의 전적으로 의존하고 있었기 때문에 그에 비하면 그 밖의 다른 것, 가령 외적인 성공과 같은 것에는 별로 영향을 받지 않았다고 할 수 있습니다. 그런 것은 한순간 힘을 솟게 하는 것말고는 아무것도 아니었지만, 다른 한편으로는 아버지의 비중이 점점 더 커져 나를 끊임없이 끌어내렸습니다. 저는 결코 초등학교 일학년 과정을 제대로 마치지 못할 것이라고 생각했으나 무사히 해냈고 그뿐만 아니라 우등상까지 받게 되었지요. 그러나 김나지움 입학 시험만큼은 분명히 떨어질 거라고 생각했지만 이번에도 저는 당당히 붙고 말았지요. 하지만 이제 김나지움 첫 학년에서는 틀림없이 낙제를 하리라고 생각했으나 아니었습니다. 저는 낙제를 하지 않았지요. 그런 식으로 저는 계속해서 성공에 성공을 거듭해나갔습니다. 하지만 그로부터 저는 자신감을 얻은 것이 아니라 오히려 정반대였습니다. 저는 늘 성공을 하면 할수록 결국에 가서는 틀림없이 그만큼 더 안 좋은 결말에 이르고 말 것이라는 확신을 가졌지요. 그리고 아버지의 마땅찮은 표정에서 저는 말 그대로 그에 대한 증거를 얻게 되었습니다. 저는 공상 속에서 자주 교사들의 섬뜩한 회의 장면을 보곤 했습니다(김나지움은 가장 통일적인 형태를 갖춘 경우일 뿐이었고 제 주변 어디서나 사정은 비슷했지요). 그들은 제가 1학년을 통과하면 2학년초에, 2학년을 통과하면 3학년초에, 그런 식으로 계속해서 회의를 가졌습니다. 저처럼 보기 드물게 재능이 없고 어쨌든 가장 공부를 못하는 아이가 어떻게 유급을 하지 않고 다음 학년으로 진급을 할 수 있었는가 하는 그 유례를 찾아보기 힘든, 그야말로 하늘이 진노할 사례를 놓고서 토의를 하기 위해서였지요. 이제 모두의 시선은 저한테로 쏠려 있었기 때문에 같은 학년 학생들은 당연히 저를 보면 즉시 침을 퉤 하고 내뱉었고 그러면 정당하게 진급한 그들은 모두 악몽에서 벗어난 듯 와 하고 환호성을 질러댔습니다—이런 망상을 안고서 살아간다는 것이 아이로서는 쉽지 않은 일이었지요.

고등학교 졸업 때의 카프카(**1901**)

그런 상황 속에서 제가 어떻게 수업에 열중할 수 있었겠어요? 누가 저를 깨우쳐 불 같은 관심을 불러일으켜 줄 수 있었겠어요? 제가 수업에 대해 가졌던 관심은 ─그 결정적인 나이에 저는 수업뿐만 아니라 주변의 모든 것에 대해 별로 관심이 없었지요─, 마치 아직은 직장에 붙어 있지만 발각될까봐 마음을 졸이고 있는 은행 사기범이 은행 직원으로서 자신이 처리해야 할 눈앞의 사소한 은행 업무에 대해 어쩔 수 없이 갖게 되는 약간의 관심과도 같았지요. 그러니 마음에 두고 있는 한 가지의 관심사 이외에는 만사가 사소해 보였고 멀게만 느껴졌지요. 어영부영 그런 식으로 계속되다가 마침내는 졸업 시험[31]까지 보게 되었는데, 그 시험도 사실 따지고 보면 반쯤은 속임수로 통과한 것이나 다름없었지요. 그것으로 상황은 일단락되었고 저는 그제서야 해방을 맛보게 되었지요. 비로소 자유를 얻게 된 저는 주된 관심사인 제 자신에 대해 본격적으로 몰두할 수 있게 되었으나 이미 김나지움의 강압적인 분위기 속에서도 저는 오직 제 자신에 대해서만 관심을 가졌었지요. 그러므로 저한테 직업 선택의 자유란 이름뿐이었지 사실은 없는 것이나 마찬가지였습니다. 저는 주요 관심사에 대해서도 김나지움의 모든 학과목들에 대해서처럼 무관심으로 일관할 것이라는 걸 알고 있었으니까요. 그러니까 요지는 저의 허영심을 별로 해치지 않으면서 저한테 그런 무관심의 자유를 최대한으로 허용해줄 수 있을 만한 직업을 찾는 것이었습니다. 그러니 법학은 당연한 것이었지요. 2주일 간의 화학 수업 청강이나 반년 간의 독문학 공부처럼 허영심과 허튼 동경에서 비롯된 사소한 반대의 시도들은 저의 그 근본적 확신만을 강화시켜주었을 뿐이었습니다. 그래서 저는 법학을 하게 되었지요. 그건 시험 때마다 몇 달 간은 신경을 엄청나게 혹사당하면서 정신적으로 그야말로 톱밥만 먹고 사는 것을 의미하는 것이었습니다. 게다가 이미 저보다 먼저 수천 개나 되는 주둥이들이 파먹고 남은 톱밥을 말입니다. 하지만 전에 김나지움 때나 나중에 보험회사 때도 그랬듯이 어떤 면에서는 그것도 맛이 있는 편이었습니다. 왜냐하면 그 모든 것은 제 처지와 전적으로 잘 어울렸으니까요. 어쨌든 저의 예견은 놀라울 정도로 정확히 들어맞았습니다. 어린아이였을 때 이미 저는 학문과 직업에 대해서 상당히 뚜렷한 예감을 지니고 있었지요. 그 후 저는 그것에서 벗어날 어떤 구원의 길을 기대하지 않았고 아예 일찌감치 체념을

법학박사 학위 취득 후의 카프카(**1906**)

하고 말았습니다.

그런데 나한테 있어서 결혼이란 무엇이며 과연 내가 결혼이란 걸 할 수 있을지 그 의미와 가능성에 대해서는 전혀 어떠한 예감도 없었습니다. 따라서 지금까지 제 인생에서 가장 끔찍스러운 이 일은 전혀 예기치 못한 채로 저를 덮쳐왔습니다. 저는 아주 느리게 성숙해갔기 때문에 결혼과 같은 일은 얼핏 보기에 저와는 너무나 동떨어진 일로 보였습니다. 그러다가 가끔씩 이러저러한 일로 부득이하게 그것에 대한 생각을 하게 되는 때도 있었지요. 하지만 그 일로 인해 지속적이고도 결정적인 시험, 그리고 가장 격렬하기까지 한 시험이 있으리라고는 전혀 생각지도 못했습니다. 그러나 실제에 있어서 결혼 시도는 가장 대단하고도 가장 희망적인 탈출의 시도가 되었으며 그에 따라 실패할 경우 역시 그 쓰라림은 엄청난 것이었습니다.

그런 방면의 일은 모두 실패였기 때문에 저는 아버지한테 저의 이 결혼 시도[32]에 대해 설명드리는 일도 어쩌면 실패하지나 않을까 염려스럽습니다. 그런데 이 편지의 성공 여부도 바로 그것에 달려 있습니다. 왜냐하면 그 시도들 속에는 한편 저의 모든 긍정적인 힘들이 집약

카프카의 첫번째 약혼녀 펠리체 바우어(1914)

펠리체가 일했던 회사 린트슈트룀의 광고

되어 있었고 다른 한편 제가 앞에서 아버지의 교육이 초래한 부수적인 결과라고 말씀드린 바 있는 모든 부정적인 힘들, 그러니까 허약함, 자신감 부족, 죄의식 등도 그야말로 기세 등등하게 제 자신과 결혼 사이에 파고들어 말 그대로 넘을 수 없는 선을 그어놓았기 때문입니다. 이 일을 설명드리기가 어려운 또 다른 이유는 허구한 날 밤이고 낮이고 그 문제를 붙잡고서 신물이 나도록 씨름을 해온 결과 이제는 그에 관한 소리만 들어도 마음이 뒤숭숭해질 정도이기 때문입니다. 제가 보기에 아버지는 이 일을 철저히 잘못 이해하고 계신 듯합니다만 그 덕분에 설명드리는 일이 조금은 수월해질 것 같습니다. 아버지의 그런 철저한 오해를 어느 정도 풀어드리는 일은 크게 어려울 것처럼 보이지는 않으니까요.

우선 아버지는 제 결혼 계획의 실패를 제가 겪어온 일련의 다른 실패들 가운데 하나쯤으로 여기고 계십니다. 아버지께서 실패에 대한 지금까지의 제 설명을 수긍하신다면 저도 그에 대해서는 별 이의가 없습니다. 그래요, 그것은 실제로 그 일련의 실패들 중 하나지요. 다만 아버지는 그것의 의미를 대수롭지 않게 여기고 계실 뿐입니다. 어느 정도인가 하면 만일 아버지와 제가 그것에 대해 이야기를 나누어본다면 그야말로 서로 전혀 다른 이야기를 하게 될 정도이지요. 감히 말씀드리자면 아버지한테는 이 결혼 계획이 저한테 가졌던 의미만큼 그렇게 중요한 의미를 가졌던 일이 평생에 단 한 번도 일어난 적이 없었다고 할 수 있습니다. 그렇다고 제가 아버지는 그만큼 의미있는 일을 체험해보신 적이 없다는 말씀을 드리는 것은 아닙니다. 오히려 정반대입니다. 아버지의 삶은 저의 삶보다 훨씬 더 풍부하고, 훨씬 더 격동적이고, 훨씬 더 조밀했습니다. 하지만 바로 그렇기 때문에 아버지한테는 그런 정도의 일이 일어나지 않은 것입니다. 그건 마치 한 사람은 다섯 계단을 올라가야 하고 또 한 사람은 한 계단만 올라가면 되는데, 뒤의 사람의 경우 그 하나의 계단이 — 적어도 그에게는 — 앞 사람의 다섯 계단을 합한 것만큼이나 높게 느껴지는 것과 같은 상황이라고 할 수 있습니다. 앞의 사람은 그 다섯 계단만이 아니라 백 개, 천 개의 계단이라도 계속해서 올라갈 수 있을 것이고 선이 굵고 몹시 고된 인생을 살아가게 될 것입니다. 하지만 그가 밟고 올라간 계단들은 그 어느 것도 뒤의 사람한테 그 하나의 계단이 갖는 만큼의 의미를 갖지는 못했을 겁니다. 뒤의 사람한테 그 하나의 계단은 첫

**1908**년 이후 카프카의 평생 직장인 '근로자 상해 보험회사' 건물
(카프카가 일했던 방은 맨 위층에 있다.)

계단이자 아무리 애를 써도 오를 수 없는 아주 높은 계단이지요. 하나도 오르지 못하는 그에게 그 이상을 오른다는 것은 당연히 엄두도 못낼 일일 겁니다.

결혼하고, 가정을 이루고, 애가 생기면 낳고, 그애들을 이 험한 세상 속에서 잘 건사하고, 나아가 바른 길로 좀 이끌어주기도 하는 등의 일은 한 인간이 대체적으로 해낼 수 있는 최대한이라고 생각합니다. 얼핏 보기에 아주 많은 사람들이 그런 일을 쉽게 해내고 있는 듯이 보이지만 그것이 그에 대한 반증이 되지는 못합니다. 왜냐하면 첫째로 그런 일을 제대로 해내고 있는 사람의 수가 사실은 그리 많지 않기 때문이고, 둘째로는 그 많지 않은 수의 사람들도 대개는 그런 일을 스스로 '행하는 것'이 아니라 단지 그들에게 그런 일이 '일어나는 것'일 뿐이기 때문입니다. 그 정도만 되어도 조금 전에 말씀드린 그런 최대한은 아니지만 아주 대단한 일이며 매우 존경스러운 일이지요(더군다나 '행하는 것'과 '일어나는 것'은 선명하게 구분될 수 있는 게 아니니까요). 그런데 결국에 요점은 역시 결코 그 최대한에 도달하는 것이 아니라, 멀리 떨어져 있긴 해도 엇비슷하게나마 그 최대한을 향해 착실하게 접근해가는 것에 있습니다. 태양의 한복판을 향해 곧장 날아가지는 못해도, 지상에서라도 작으나마 때때로 햇볕이 들어 몸을 좀 녹일 수 있을 만한 알맞은 곳을 향해 조금씩 기어갈 필요는 있으니까요.

 그런데 그러기 위한 저의 준비 상태는 어떠했나요? 한마디로 형편이 없었지요. 그건 지금까지의 이야기만으로도 충분히 드러날 겁니다. 그런데 그러기 위하여 한 개인이 어떤 일이든 직접 준비를 하고 일반적인 기초 조건들을 스스로 만들어낼 수 있다고 할 때, 아버지는 겉으로 보기엔 별로 많은 관여를 하시지 않았습니다. 달리 어쩌실 수도 없었지요. 그런 일에는 신분과 민족과 시대의 일반적인 성 관습이 결정적인 영향을 미치는 법이니까요. 어쨌든 아버지도 관여를 하시긴 했지만 별로 많이 하시지는 않았습니다. 왜냐하면 많은 관여를 하기 위해서는 상호간의 튼튼한 신뢰가 바탕이 되어야 하는데 아버지와 저 사이에는 그런 신뢰가 오래 전 결정적인 시기에 이미 깨져버렸기 때문입니다. 그건 결코 행복한 일이 아니었지요. 아버지와 저의 욕구는 늘 상반되었으니까요. 제 마음을 사로잡는 일에 아버지는 거의 아무런 감동도 못 받으셨고 그것은 거꾸로 말할 수도 있을 겁니다. 아버지한테는 죄가 안 되는 일이 저한테는 죄가 될 수 있고 반대의 경우도 역시 성립됩니다. 아버지한테는 아무렇지도 않은 일이 저한테는 섬뜩한 관뚜껑이 될 수도 있습니다.

    옛날 어느 저녁 무렵 제가 아버지와 어머니랑 함께 산책을 했던 일이 생각납니다. 오늘날 근처에 국제은행이 들어서 있는 요제프 광장[33]을 산책하고 있었지요. 그때 저는 어리석게도 허풍스럽고, 건방지고, 오만하고, 매몰차고(그건 거짓이었어요), 냉정하게(그건 진짜였어요), 그리고 제가 아버지와 이야기를 할 때면 대개 그랬듯이 더듬거리는 말투로 두 분이 솔깃해하실 만한 이야기를 시작했습니다. 그러면서 아무도 깨우쳐주는 사람이 없었기에 저는 무지함 속에 내버려진 처지였고 겨우 동급생들만이 저를 상대해주었기 때문에 그들에게 이끌려 커다란 위험에 빠질 뻔한 때가 한두 번이 아니었다고 두 분께 힐난의 말을 해댔지요. (그때 저는 대담함을 과시하기 위해 제 방식대로 뻔뻔스럽게 거짓말을 했던 거였지요. 제 소심한 성격으로 말미암아 당시에 저는 '커다란 위험'[34]에 대해 그것이 구체적으로 어떤 것이었는지 아는 게 별로 없었으니까요.) 하지만 결론적으로는 제가 이제는 이미 다행스럽게도 모든 것을 알게 되었고 더 이

카프카가 회사로 가는 길에 늘 지나다녔던 요제프 광장

상 충고는 필요없으며 아무런 문제도 없게 되었다는 뜻의 말을 넌지시 비쳤지요. 어쨌든 제가 그런 이야기를 꺼냈던 주된 이유는 그런 것에 대해 적어도 이야기를 할 수 있다는 것 자체가 흥미로운 일이었기 때문입니다. 그리고는 단순한 호기심도 있었고, 또한 무슨 일인가로 어떤 식으로든 두 분한테 복수를 하기 위한 마음도 있었지요. 그런데 아버지는 평소의 성품대로 그 이야기를 아주 단순하게 받아들이셨지요. 그래서 단지 이렇게만 말씀하셨습니다. 어떻게 별 위험 없이도 그런 일을 할 수 있는지 저한테 충고의 말을 해줄 수 있다고 말이에요. 저도 어쩌면 바로 그런 대답을 기대했는지도 모르겠습니다. 그것은 고기며 온갖 좋은 음식들을 배불리 먹고 몸은 까딱하기도 싫어하며 내내 자기 자신에만 몰두하는 아이의 음탕스러운 마음과 잘 어울리는 대답이었지요. 하지만 그로 인해 수줍은 듯이 보이던 저의 인상은 손상되었습니다. 아니, 손상되었다고 생각했지요. 그래서 제 본래의 뜻과는 달리 더 이상 대화를 계속할 수 없었고 무례하고도 건방지게 도중에 이야기를 그만두고 말았지요.

아버지의 그 대답을 어떻게 받아들여야 할지 판단을 내리기는 쉽지 않습니다. 한편으로 그 대답은 뒤통수를 때리는 솔직한 면과 어딘가 모르게 원시적인 듯한 면을 지니고 있는가 하면, 다른 한편으로 가르침 자체에 관해서는 매우 현대적이기도 하여 아무 거리낌이 없는 인상을 주기도 했습니다. 당시에 제가 몇 살이었는지는 모르겠습니다. 열여섯 살보다 많기는 한 것 같은데 그보다 아주 더 많은 나이는 분명히 아니었습니다. 그런 아이한테 그것은 아주 기이한 대답이었지요. 그리고 그것은 사실상 삶 전체에 대하여 제가 아버지한테서 받은 최초의 직접적인 가르침이었고 그 점에서도 드러납니다. 그런데 당시에 이미 제 내면 속에 들어와 자리잡고 있었으나 훨씬 나중에야 희미하게나마 의식되었던 그 가르침의 실제적인 의미는 이런 것이었습니다. 당시에 아버지는 저한테 아버지 자신이 보시기에 그리고 당시의 제가 보기에도 세상에서 가장 더러운 일을 하도록 충고하셨다는 점입니다. 아버지는 제가 더럽혀진 몸으로는 집에 얼씬도 못하도록 하시려는 것이었으나 그것은 부차적인 것이었습니다. 그렇게 함으로써 단지 아버지 자신과 자신의 집안만을 보호하고자 하셨던 거였지요. 하지만 그보다 중요한 것은 아버지 자신은 내내 자신의 충고와는 무관하신 채로 살아오셨다는 점입니다. 한 아내의 남편으로, 깨끗하신 분으로, 더러운 일들로부터는 초연한 고고하신 분으로 말이에요. 당시에 그런 모습이 더욱더 선명하게 인식되었던 것은 아마도 저한테는 결혼 생활이라는 것 역시 음탕한 일로 여겨졌으나 제가 결혼 생활에 대해 주위들었던 일반적인 이야기를 그대로 내 부모에게 적용할 수는 없었기 때문일 겁니다. 그로 인해 아버지는 더욱더 깨끗하신 분이 되었고, 더욱더 고고하신 분이 되었지요. 저로서는 아버지께서도 가령 결혼하시기 전에 자신한테 비슷한 충고를 하셨을지도 모른다는 생각은 꿈에도 해본 적이 없었습니다. 따라서 아버지는 속세의 때라곤 거의 조금도 묻어 있지 않은 분이셨습니다. 그런데 바로 그런 아버지께서는 저한테 몇 마디 노골적인 말씀을 던지심으로써 저를 더러운 속세로 몰아내셨지요. 마치 제가 그곳에 속한 사람인 것처럼 말이에요. 만일 세상이 저와 아버지로만 이루어져 있었다면 ─ 이건 저한테 수시로 떠오르던 관념입니다만 ─, 세상의 깨끗함은 아버지로 끝이 났을 것이고 세상의 더러움은 아버지의 충고 덕분에 저로부터 시작되었을 겁니다. 아버지가 저한테 그런 선고를 내리셨다는 것은 그 자체만으로는 참으로 이해할 수 없는 일이었지요. 다만 아버지 쪽에서의 오랜 죄와 철

저한 경멸만이 저한테 그 점을 설명해줄 수 있었지요. 그리고 그로써 저는 다시 저의 가장 깊은 내면적 본질 속에 사로잡히게 되었습니다. 그것도 아주 단단히 말입니다.

이 대목에서 아마 우리 두 사람의 결백함도 가장 뚜렷하게 드러나는 것 같습니다. A라는 사람이 B라는 사람에게 솔직하고, 자신의 인생관에 잘 들어맞고, 별로 훌륭하지는 않지만 오늘날에도 사람들 사이에서 널리 통용되고 있는, 그리고 어쩌면 건강함을 유지하는 데에도 도움이 될 만한 충고를 한다고 해봐요. 그런 충고가 B에게 도덕적으로는 별로 힘이 되지 못할 겁니다. 하지만 그가 오랜 세월 동안 애써 노력한다면 왜 자신의 상처를 스스로 치유할 수 있는 길을 찾아내지 못하겠어요? 그런데 그가 그 충고를 반드시 따라야 할 이유는 전혀 없습니다. 그리고 어쨌든 그 충고 자체에는 가령 그의 미래 세계 전체가 한꺼번에 붕괴되어 그를 덮어버릴 만한 계기가 들어 있지는 않지요. 그러나 만일 무슨 일이 일어나게 된다면 바로 그런 식이 될 겁니다. 왜냐하면 A는 아버지이고 B는 저이기 때문입니다.

이처럼 양쪽 모두 결백하다는 것을 저는 또한 특히 잘 이해할 수 있는데, 그것은 대략 20년 뒤 전혀 다른 상황하에서 아버지와 저 사이에 비슷한 충돌이 다시 일어났기 때문입니다. 실제로는 끔찍스러운 일이었지만 그 자체만으로는 훨씬 상처가 덜한 일이었지요. 서른여섯이나 된 저한테 어디 더 상처입을 만한 데가 남아 있을 리 없었으니까요. 지난번에 결혼 계획을 알리고 나서 저는 며칠간 마음이 들떠 있었는데 그중 어느 날의 일을 말씀드리는 겁니다. 아버지는 저한테 대충 이렇게 말씀을 하셨지요. "그 색시는 분명 프라하의 유대인 여자들이 고개를 끄덕일 만한 고급 블라우스를 입었을 테지. 물론 너도 그 때문에 그 처녀와 결혼하기로 마음먹었을 테니까. 그것도 되도록이면 빨리, 일주일 후나 내일, 아니 오늘 당장에라도 말이다. 나는 너를 이해 못하겠다. 너는 다 자란 성인이고 도시 사람 아니냐. 그렇게 당장 아무하고나 결혼하는 것말고 다른 방도를 모른다니. 그렇게 다른 수가 없더냐? 그런 일[35]이 두렵다면 내가 직접 함께 가주마." 아버지는 이보다 더 자세하고, 더 분명하게 말씀하셨지만 세세한 내용들까지는 더 이상 기억이 나지 않습니다. 그때 아마 제 눈앞이 안개처럼 약간 뿌옇게 흐려졌던 것도 같습니다. 어머니 쪽에서의 반응이 제 마음을 더 끌었던 편이었으니까요. 어머닌 전적으로 아버지의 뜻에 따

1916년 7월 카프카와 펠리체가 묵었던 마리엔바트의 호텔

르시긴 했지만 식탁에서 무언가를 집어드시더니 밖으로 나가셨지요. 아버지가 저한테 야단을 치시거나 핀잔을 주실 때도 그보다 더 깊이 제 자존심을 건드리셨던 적은 아마 거의 없었던 것 같고 저한테 그보다 더 분명하게 경멸감을 보이셨던 적은 결코 없었습니다. 20년 전쯤에 아버지가 저한테 비슷한 말씀을 하셨을 때는 아버지의 말씀과 눈빛 속엔 어쩌면 조숙한 도시 소년에 대한 일종의 경외심마저 들어 있었을 겁니다. 아버지 말씀대로 그 아이는 곧바로 사회 생활에 입문시켜도 될 만큼 조숙한 편이었으니까요. 그런데 지금 그때의 일을 되돌아보신다면 경멸감만 더 커지시겠지요. 왜냐하면 그 당시에 도움닫기를 시작했던 그 소년은 여전히 그 단계에 그대로 머물러 있고 아버지가 보시기에 세상 경험이라곤 한치도 더 늘지 않은 채 쓸데없이 나이만 20살이나 더 먹어 그만큼 더 초라하게 보일 테니까요. 제가 한 여자를 택하여 결혼하기로 결정한 일이 아버지한테는 전혀 아무런 의미도 없는 일이었지요. 아버지께서는 저의 결단력을 (무의식적으로) 언제나 억누르셨지요. 그런데 이제 와서는 (역시 무의식적으로) 그것이 얼마나 중요한 것인가를 아시겠다는 생각이 드셨던 거지요. 제가 결혼을 통해 다른 방향으로 탈출을 시도하고 있다는 것에 대해서는 전혀 모르셨겠지요. 따라서 제가 어떤 생각들을 거쳐 이 결혼 계획에 이르게 되었는가에 대해서도 아실 리 없겠지요. 다만 그 생각들을 추측을 통해 짐작하실 수밖에 없으셨고 저에 대해 갖고 계신 전체적인 판단에 따라 그건 가장 혐오스럽고, 가장 어설프고, 가장 우스꽝스러운 쪽의 생각들이었을 거라는 추측에 이르셨던 거지요. 그래서 아버지는 잠시도 주저하시지 않고 저한테 마찬가지의 방식으로 당신의 생각을 말씀하셨지요. 그렇게 하심으로써 아버지가 저한테 안겨주신 치욕은 아버지의 말씀대로 제가 결혼을 통해 아버지의 이름에 먹칠을 하게 될 치욕에 비하면 아무것도 아니었으니까요.

이제 아버지는 저의 결혼 시도와 관련하여 저한테 여러 가지 말씀을 하실 수 있고 실제로도 그렇게 하셨지요. 저는 F.[36]와 두 번 약혼을 했다가 두 번 다 파혼을 했고, 아버지와 어머니를 약혼식에 참석하시도록 공연히 베를린에까지 오시게도 했고, 그런 등등의 일로 아버지는 제 결정에 대해 별로 존중하고 싶은 마음이 없으실 테니까요. 그러나 그 모든 일은 장난이 아니었습니다. 그런데 어떻게 그런 일들이 일어나게 되었을까요?

**1917년 7월초 부다페스트에서**
펠리체와의 두번째 약혼 직후 함께 찍은 사진

두 번의 결혼 시도에서 근본이 되는 생각은 아주 구체적이었습니다. 가정을 이루고서 독립을 하자는 것이었지요. 아버지 마음에 드실 만한 생각이지요. 다만 그 결과가 마치 한 사람이 다른 사람의 손을 붙잡고서, 심지어는 꽉 움켜쥐고서는, "어서 가, 가란 말이야, 왜 안 가니?" 하고 소리지르는 애들 장난처럼 되어버리긴 했지만 말입니다. 하지만 우리의 경우엔 아버지께서 "어서 가!"라는 말을 옛날부터 장난이 아니라 진짜로 하심으로 인해 일이 복잡해져버렸지요. 아버지는 마찬가지로 옛날부터 — 자신의 행동을 의식하지 못하신 채 — 오직 아버지의 성품 탓에 저를 붙잡고 계신 거였지요. 아니 억누르셨다는 말이 더 정확합니다.

두 여자 다 우연하게 고른 거였지만 정말 잘 골랐지요. 소심하고, 늘 머뭇거리고, 의심하기 잘하는 제가 충동적으로 — 가령 블라우스에 매료되어서 — 결혼을 결심했다고 생각하신다면 그건 다시 아버지가 크게 오해를 하셨다는 표시입니다. 오히려 두 결혼 모두 성사되었더라면 '이성적인 결혼'이 되었을 겁니다. 그 말은 첫번째는 몇 년 간, 두번째는 몇 달 간을 밤낮으로 계획을 세우는 데에만 저의 사고력이 온통 집중되었다는 것을 뜻합니다.

두 여자 중 어느 쪽도 저를 실망시키지 않았습니다. 다만 제 쪽에서 두 여자를 실망시켰지요. 지금도 두 여자에 대한 저의 판단은 제가 그들과 결혼하고자 했던 때와 다르지 않습니다.

두번째로 결혼을 시도했을 때 첫번째 시도 때의 경험을 무시한 것도 아닙니다. 그러니까 두 번 다 마찬가지로 신중했던 편이지요. 두 경우는 어쨌든 전혀 달랐습니다. 하지만 대체적으로 훨씬 더 전망이 밝았던 두번째의 경우에 앞서의 경험은 저한테 희망을 줄 수 있었지요. 자세한 이야기는 여기서 말하지 않겠습니다.

그렇다면 왜 저는 결혼을 하지 않았을까요? 어느 경우에서나처럼 몇 가지의 장애가 있었지만, 산다는 것은 그런 장애들을 감수하는 것이지요. 그런데 제 경우에는 유감스럽게도 그런 개별적인 장애들과는 무관한 근본적인 장애가 있었는데, 그것은 제가 결혼할 수 있기에는 명백히 정신적으로 무능력하다는 점이었습니다. 그 점은 제가 결혼하기로 결심한 순간부터 더 이상 잠을 잘 수 없었다는 사실에서 잘 드러납니다. 밤낮으로 머리가 화끈 달아올랐고, 더 이상 생활이란 것이 없었지요. 절망적으로 이리저리 흔들거릴 뿐이었지요. 사실 걱정이 많아서 그런 것은 아니었어요. 지나치게 신중하고 소심한 성격으로 말미암아 제 주변에 걱정이 무성하게 자라기는 했지만 그건 결정적인 것이 못 되었습니다. 걱정은 시체를 파먹는 구더기들처럼 저를 조금씩 잠식해 들어오기는 했지만 제가 결정적으로 얻어맞은 것은 다른 것 때문이었어요. 그건 바로 불안과 허약함과 자기 경멸이 함께 짓누르는 총체적인 압박이었습니다.

더 자세한 설명을 드리기로 하겠습니다. 아버지와 저의 관계에서 얼핏 보면 대립되어 보이는 두 가지의 요소가 결혼을 하고자 하는 경우엔 그 어느 때보다도 서로 강력하게 만나게 됩니다. 결혼이란 분명 더없이 통렬한 자기 해방과 독립에 대한 보장입니다. 결혼을 하면 저도 가정을 갖게 될 텐데, 가정이란 제 생각에 사람이 이룰 수 있는 최고의 것이지요. 따라서 그건 아버지가 이루신 최고의 것이기도 하구요. 그렇게 되면 저는 이제 아버지와 대등해질 것이고, 끝없이 새롭게 반복되던 온갖 치욕과 억압은 단지 흘러간 이야기에 불과한 것이 될 겁니다. 다만 거기에는 동화와도 같은 면이 있는데, 바로 그 점에 이미 의심스러운 요소가 놓여 있습니다. 그건 너무 지나친 것이어서 현실적으로는 도저히 이룰 수가 없습니다. 그건 마치 감옥에 갇혀 있는 어떤 사람이 그곳을 달아나고 싶은 마음뿐만 아니라—그건 아마도 이룰 수 있겠지요—동시에 그곳을 자신만의 여름 별장으로 개조하고 싶은 마음도 함께 갖게 되는 것과 같습니다. 하지만 그는 달아난다면 감옥을 개조할 수가 없고 감옥을 개조한다면 달아날 수가 없는 형편이지요. 제가 비록 아버지와 특별히 불행한 관계를 맺고 있기는 하지만 그런 관계 속에서나마 어떻게든 독립을 하고자 한다면 저는 가능한 한 아버지와는 전혀 관계가 없는 어떤 일을 해야 하겠지요. 그 점에서 결혼은 가장 대단한 일로서 가장 떳떳한 독립의 길을 열어주기는 하지만 동시에 그것은 아버지와 더없이 밀접한 관계를 갖게 되는 일이기도 합니다. 그렇기 때문에 그것에서 벗어나고자 한다면 미친 짓이 될 것이고 어떠한 시도를 하더라도 거의 비슷한 낙인이 찍히게 될 겁니다.

그런데 어떤 때는 바로 그런 밀접한 관계가 오히려 저한테 결혼하고 싶은 마음이 들도록 유혹하기도 합니다. 결혼 후 아버지와 저 사이에 생기게 될 대등한 관계를—그것은 아버지도 다른 경우와는 달리 이해를 하실

카프카의 두번째 약혼녀 율리 보리체크

수 있을 겁니다—상상하기만 하면 마음속이 밝아집니다. 그렇게 되면 저는 자유롭고, 은혜에 감사할 줄 알고, 떳떳하고, 올곧은 아들이 될 것이고, 아버지께서도 더 이상 의기소침하거나 강압적이시지 않고, 동정할 줄도 아시고, 흡족해하시는 아버지가 되실 수 있을 것이기 때문입니다. 하지만 그러기 위해서는 지금까지 있었던 모든 일을 없던 일로 해야 할 겁니다. 그 말은 곧 우리 자신을 지워버려야 한다는 것을 뜻하는 것이지요. 하지만 아버지와 저는 여전하고 결혼은 아버지의 가장 고유한 영역이므로 저한테 결혼의 길은 막혀 있는 셈이지요. 때때로 저는 세계 지도가 펼쳐져 있고 그 위에 아버지가 사지를 쫙 뻗고 누워 계신 모습을 상상해봅니다. 그러면 마치 저한테는 아버지가 가리고 계시지 않거나 아버지의 손이 미치지 않는 지역만이 저의 생활 공간이 될 수 있을 것처럼 여겨져요. 그런데 아버지의 우람한 체구를 떠올려보면 그런 지역은 결코 많을 수 없으며 또한 별로 위안을 줄 만한 곳이 못 되지요. 그리고 무엇보다 결혼은 그런 지역에서 벗어나 있습니다.

　이런 비유만으로도 제가 아버지는 가령 누군가를 가게에서 쫓아내시듯이 아버지 자신의 예를 통해 저를 결혼이라는 영역 밖으로 몰아내셨다는 말을 하려는 것이 결코 아님을 아실 수 있을 겁니다. 오히려 정반대입니다. 그와 유사한 면이 아주 없지는 않지만 말이에요. 저는 아버지와 어머니의 결혼 생활에서 모범이 될 만한 결혼상을 보아왔습니다. 신의라든가 서로간의 배려와 도움, 자식 수 등 많은 점에서 모범적이랄 수 있지요. 그리고 자식들이 커가면서 점점 더 많은 말썽을 부려도 두 분의 결혼 생활 자체는 그로부터 별 영향을 받지 않은 채 변함이 없었지요. 결혼에 대한 저의 높은 이상도 아마 그러한 모습에서 영향을 받아 형성된 것 같습니다. 결혼에 대한 열망이 힘을 잃게 된 데에는 다른 이유들이 있었지요. 그건 곧 자식들에 대한 아버지의 관계에서 비롯된 것들이었습니다. 전체적으로 이 편지가 다루고 있는 대상 역시 그 관계에 대한 것이지요.

결혼에 대한 불안은 때때로 자신이 부모에게 지은 죄를 자식들이 나중에 자신한테 되갚지 않을까 두려워하는 심리로부터 비롯된다는 견해가 있습니다. 하지만 제 경우에는 그런 견해가 별로 큰 의미를 갖지 못한다고 생각합니다. 왜냐하면 저의 죄의식은 사실상 아버지한테서 연유하는 것이고 또한 너무도 특이한 구석이 많아서 그런 예는 다시 어디에도 없을 것이기 때문입니다. 이런 특이함의 감정은 제 죄의식의 고통스러운 본질에 속하는 것이고 그런 경우가 다시 되풀이된다는 것은 도저히 상상할 수도 없는 일이지요. 어쨌든 저는 이렇게 말씀드리지 않을 수 없습니다. 제가 만일 그렇게 시무룩하고, 투미하고, 재미없고, 맥빠진 아들을 갖게 된다면 참을 수 없을 거라고요. 다른 수가 없다면 차라리 그애한테서 달아나 멀리 다른 곳에 가서 사는 수 밖에요. 아버지께서도 제 혼사 때문에 비로소 그러실 마음을 가지셨듯이 말입니다. 따라서 제가 결혼에 대해 무능하게 된 데에는 그런 영향도 어느 정도 있었을 겁니다.

하지만 제가 그렇게 되는 데에 훨씬 더 큰 영향을 미친 것은 저를 둘러싸고 있는 불안입니다. 그것은 이렇게 이해할 수 있습니다. 앞에서 이미 암시를 드렸듯이 저는 글을 쓰고 또한 그와 연관된 일을 하면서 소박하나마 독립과 탈출을 위한 시도를 했고 너무나 하찮은 수준이지만 약간의 성공도 거두었지요. 하지만 그 시도가 더 큰 성공을 거둘 가망은 거의 없습니다. 많은 점에서 저는 그 사실을 확인하고 있지요. 그럼에도 불구하고 글을 쓰는 일은 저의 의무입니다. 아니 그 일을 지키고, 제가 막아

낼 수 있는 어떠한 위험도, 나아가 그런 위험의 기미조차 그 일에 접근하지 못하도록 하는 것에 제 인생의 성패가 걸려 있다고 할 수 있지요. 결혼은 바로 그런 위험의 싹을 품고 있습니다. 다만 그 일의 가장 든든한 후원자가 될 싹도 함께 지니고 있지요. 하지만 위험의 싹인 것만으로도 저로서는 감당하기가 벅찹니다. 만일 위험이 닥쳐온다면 제가 도대체 무슨 일을 할 수 있을까요! 아마 입증해보일 수는 없겠지만 어쨌든 부정할 수도 없는 그런 위험의 느낌을 안고서 제가 어떻게 결혼 생활을 계속해 나갈 수 있겠어요! 그 느낌 앞에서 저는 계속 중심을 못 잡고 흔들거리겠지만, 그 최종적인 결말은 뻔합니다. 즉 포기하는 길밖에 없지요. '손에 쥔 참새와 지붕 위의 비둘기'에 관한 비유[37]는 이 경우엔 전혀 들어맞지 않습니다. 손에 쥐고 있는 것이라곤 아무것도 없고, 모든 것은 지붕 위에 있는 셈이니까요. 하지만 저는 아무것도 없는 쪽을 택하지 않을 수 없습니다. 그것을 결정짓는 것은 제 의지가 아니라 싸움의 상황과 삶의 고난입니다. 직업을 결정할 때에도 저는 비슷한 방식의 선택을 해야 했지요.

하지만 결혼의 가장 큰 장애는 도저히 지울 수 없는 다음과 같은 확신입니다. 즉, 가정을 유지하고, 나아가

카프카가 이 편지글을 쓴 셸레젠의 민박집 슈튀들(**1918/19**)
이곳에서 두번째 약혼녀 율리 보리체크와 알게 된다.

가정을 이끌어나가기 위해서는 제가 아버지한테서 보아온 모든 것들이 반드시 필요하다는 것입니다. 다시 말해 그건 좋은 요소와 나쁜 요소들이 모두 함께, 그러니까 강인함과 타인에 대한 경멸, 건강과 어느 정도의 무절제, 뛰어난 언변과 불충분한 설명, 자기 신뢰와 모든 것에 대한 불만족, 세상에 대한 우월감과 주변 사람들에 대한 억압, 인간에 대한 이해와 불신, 거기에다가 근면, 끈기, 침착, 대담성과 같은 완벽한 장점들까지 두루 갖추고서, 이 모든 것들이 함께 어우러져 아버지에게서처럼 유기적으로 결합되어야 한다는 것을 말합니다. 저는 그 모든 것들 중에서 아버지에 비하면 거의 아무것도 지니고 있지 못하거나 극히 조금만을 지니고 있는 셈이지요. 그러고서도 감히 제가 결혼을 해야 했을까요? 아버지 같은 분조차 결혼하셔서 힘겨운 싸움을 벌이셔야 하고 어떤 때는 자식들한테조차 좌절을 맛보셔야 할 정도이니 말입니다. 그 질문을 저는 물론 뚜렷이 던지지도 않았고 그에 대해 뚜렷한 대답을 하려고도 하지 않았습니다. 만일 그러고자 했다면 그 문제는 평범한 사고의 지배를 받았을 것이고 제 머릿속에는 아버지와는 다르면서도 (주변에서 아버지와 매우 다른 인물을 한 분 거명해본다면 리햐르트 삼촌을 들 수 있지요) 결혼을 해서 적어도 그것에 짓눌려 무너지지는 않은 다른 사람들의 모습이 떠올랐을 겁니다. 그 정도만으로도 아주 대단한 일이고 만일 제가 그럴 수 있다면 더 이상 바랄 게 없을 겁니다. 하지만 저는 어쨌든 그런 질문을 던지지 않았고, 그 대신 그것을 어렸을 적부터 내내 체험해왔지요. 처음엔 결혼에 대해서가 아니라 온갖 사소한 일들에 대해서 제 자신의 능력을 시험해보았지요. 어떠한 사소한 일들에 대해서도 아버지는 저한테 아버지 자신의 사례와 교육을 통해, 제가 지금까지 설명드리고자 한 바와 같이, 저의 무능력을 확신시켜 주셨지요. 어떤 사소한 일에서도 무능력하고 그로써 아버지의 판단이 옳았다는 게 입증되었다면 가장 큰 일이라 할 결혼에 대해서는 당연히 엄청나게 무능력할 수밖에 없었겠지요. 저는 이제 자라서 결혼을 시도할 정도로까지 되었지만 그건 마치 무수한 걱정과 형편없는 예감을 갖고서 장사를 하기는 하지만 정확한 장부 정리도 하지 않은 채 되는 대로 꾸려나가는 사업가의 형편과 같다고 할 수 있습니다. 평소에는 허구한 날 손해만 보다가 어쩌다 몇 차례 작은 이익을 남기게 되면 그는 그 흔치 않은 일로 말미암아 머릿속으로 몇 번이고 자기가 번 돈을 꼭 끌어안은 채 신기해하며 과장된 꿈을 펼치지요. 장부에다 모든 내용을 적어넣기는 하지만 한 번도 결산을 하지는 않습니다. 그러다가 이제는 결산을 해야 한다는 강박감을 갖게 되었지요. 그것이 바로 결혼 시도입니다. 그런데 막상 계산해야 할 엄청난 액수를 대하고 보니 마치 이제껏 이윤이라곤 눈곱만큼도 없었고 모든 게 온통 거대한 빚더미인 듯이 여겨집니다. 그러고서도 이제 멀쩡한 정신으로 결혼을 한다는 겁니다!

아버지와 함께했던 지금까지의 제 삶은 그렇게 끝이 납니다. 그리고 그 안에는 이미 그렇게 되리라는 전망이 들어 있었습니다.

제가 아버지를 대할 때 갖게 되는 두려움에 대한 지금까지의 제 설명을 두루 이해하셨다면 아버지께서는 이렇게 답변하실 수 있을 겁니다. "너는 내가 우리의 관계에 대해 단순히 너한테만 책임이 있는 것으로 설명한다면 그건 내가 내 자신의 입장을 편하게 만드는 거라고 주장했지만, 나는 네가 겉으로 보기엔 몹시 힘들게 노력하고 있는 것 같기는 해도 최소한 너는 네 자신의 입장을 스스로 더 어렵게 만들고 있는 것은 아닐 것이며 그렇게 함으로써 오히려 네 자신한테 훨씬 더 득이 되는 결과를

카프카가 즐겨 걸었던 산책로(뒤로 프라하 성 흐라진이 보인다.)

얻고자 하는 거라고 생각한다. 우선은 너도 네 자신의 어떠한 잘못과 책임도 인정하고 있지 않다. 그러니까 그 점에서는 일치한다고 할 수 있다. 하지만 그런 다음의 태도에서 나는—내 자신 역시 그렇게 생각하듯이—아주 솔직하게 너한테 단독 책임이 있는 것으로 돌리고 있는 반면에, 너는 '지나치게 영악'하면서 동시에 '너무나 자상'하여 나까지도 아무런 책임이 없음을 입증해보이려고 한다. 물론 너는 그것을 잘해내고 있지만 사실은 단지 그렇게 보일 뿐이고(네가 그 이상의 것을 원하고 있는 것 같지도 않다만), 또한 성품이니, 본성이니, 대립이니, 속수무책이니 하는 온갖 '상투어'들에도 불구하고 행간을 잘 들여다보면 결국 네가 해온 모든 것은 단지 자기 방어일 뿐이고 반면에 나는 가해자였다는 점이 드러난다. 따라서 너는 이제 너의 솔직하지 못한 화법을 통해 이미 소기의 목적은 충분히 이루었을 것이다. 왜냐하면 너는 말하고자 하는 세 가지의 요점을 입증해냈으니까. 첫번째로 너는 결백하다는 것을, 두번째로 책임은 나한테 있다는 것을, 그리고 세번째로 너는 너무도 관대하여 나를 용서할 뿐만 아니라 나 역시—다만 진실과는 다르게—결백하다는 것까지도 어느 정도 입증하여 그것을 스스로 믿고자 할 마음의 준비가 되어 있다는 것을 말이다. 그만하면 이제 충분할 만도 한데 너한테는 아직 충분하지가 못한 게지. 그래서 너는 철저히 나를 뜯어먹으며 살아가기로 작정한 것이겠지. 우리가 서로 싸움을 벌이고 있다는 것을 인정한다. 그런데 싸움에는 두 가지가 있다. 옛날 기사들처럼 독자적인 적수끼리 누가 더 힘이 센지를 겨루는 기사식 싸움이 그 한 가지인데, 이 경우에 각자는 계속 독자적으로 머물면서 한쪽이 이기면 다른 쪽은 지는 것으로 끝이 난다. 그리고 또 한 가지는 독충들의 싸움인데, 이 경우엔 상대방을 찔러 죽일 뿐만 아니라 곧바로 자신의 생명 유지를 위해 상대방의 피도 빨아먹는다. 이것이야말로 바로 직업적인 싸움꾼의 경우라 할 수 있고, 네가 곧 그 경우에 해당된다. 너는 생활 능력이 없다. 그래서 너는 걱정과 자책감에서 벗어나 편안히 살아갈 수 있기 위해 내가 너의 모든 생활 능력을 빼앗아서 내 주머니 속에 착복해버린 것임을 증명하고자 하는 거다. 그렇게 되면 이제 너한테 생활 능력이 없는 것은 너와 무관한 일이 되는 셈이지. 책임은 나한테 있으니까. 너는 편안히 몸을 쭉 뻗고서 네 자신을—육체적으로도, 정신적으로도—나한테 떠맡긴 채 내가 이끄는 대로 그

저 이끌리고자 한다. 지난번에 네가 결혼을 하려고 했을 때 ― 너도 이 편지에서 인정하고 있듯이 ― 그와 동시에 결혼을 하지 않으려고도 했던 것은 그 하나의 예이다. 그때 너는 그 일로 고생하는 것을 피하기 위해 내가 너를 결혼하지 않도록 도와주기를 원했던 것이다. 내 이름이 뒤집어쓰게 될 '오명'을 이유로 내가 너한테 그 결혼을 못하게 함으로써 말이다. 그러나 나한테 그런 생각은 떠오른 적조차 없었다. 첫째로 나는 그때나 여느 때나 결코 '네 행복에 방해가 되기'를 원치 않았고, 둘째로 내 자식한테서 그런 비난을 듣게 되는 일을 결코 원한 적이 없었다. 그런데 나는 극기의 심정으로 결혼을 네 자신이 알아서 하도록 맡겼으나 그런 극기가 나한테 무슨 도움이 되었을까? 아무런 도움도 되지 못했지. 나는 그 결혼에 거부감을 느꼈으나 그것이 결혼을 막지는 못했을 것이다. 오히려 반대로 그 자체가 너한테 더욱 자극이 되어 그 색시와 결혼하고 싶은 마음에 불을 질렀을 것이다. 왜냐하면 네 자신의 표현대로 너의 그 '탈출 시도'는 그로 인해 완전한 것이 되었을 테니까 말이다. 그리고 나의 결혼 허락 역시 너의 비난을 막지는 못했다. 왜냐하면 너는 어쨌든 네가 결혼하지 못한 것이 내 책임이라는 것을 입증해

보이고 있으니까. 하지만 근본적으로 볼 때 너는 나한테 이 경우나 다른 모든 경우에서 너에 대한 나의 비난은 모두 타당한 것이었으며 또한 그 가운데에는 특히 타당한 또 하나의 비난, 즉 너는 정직하지 못하고, 비굴하며, 빌붙어 살고 있다는 비난이 빠져 있다는 것밖에는 아무것도 입증해보이지 못했다. 내가 크게 잘못 본 것이 아니라면 너는 이 편지 자체만 가지고 보아도 아직 나한테 빌붙어 살고 있다."

이에 대한 답변으로 저는 먼저 부분적으로는 아버지 자신한테로도 돌려질 수 있는 이 반론 전체가 아버지한테서가 아니라 바로 저한테서 나온 것임을 말씀드립니다. 남들에 대한 아버지의 불신조차 제 자신에 대한 저의 불신만큼 그렇게 크지는 않습니다. 아버지께서 저를 그렇게 길러주셨지요. 이 반론은 그 자체로 아버지와 저의 관계를 성격 규명하는 데에 새로운 기여를 하고 있기도 한데, 그 반론이 어느 정도 타당성을 지니고 있다는 것을 저는 부인하지 않습니다. 물론 현실 속의 일들은 이 편지 속에서의 논거들만큼 그렇게 서로 꼭 들어맞을 수는 없습니다. 삶이란 인내심을 요하는 어떤 정교한 게임과 같을 수는 없고 그 이상의 일이니까요. 어쨌든 이 반론은 결과적으로 볼 때 앞서 했던 제 이야기 전체에 대해 교정의 역할을 하게 되었는데 ─ 그렇다고 교정을 제가 일일이 볼 수도 없을 뿐더러 또한 그러고 싶지도 않던 차에 잘된 일입니다 ─, 그 덕분에 제 생각이지만 진실에 상당히 접근할 수 있게 된 것 같고, 그 결과 우리 두 사람의 마음이 한결 차분해지고 삶과 죽음이 보다 가벼워질 수 있을 겁니다.

프란츠

# 사진으로 보는 카프카

18세(1901)

22세 무렵(1905/1906)

27세(1910)

32세 무렵(1915/1916)

34세(1917)

36세(1920)

38세(1921)

40세 무렵(1923/1924)

### 옮기고 나서

　카프카가 이 '편지'를 쓴 것은 그가 폐결핵에 걸려 빈 근교의 한 요양원에서 마지막 숨을 거두기 5년 전인 1919년의 일로 당시 그의 나이는 36세였고 그의 창작 활동은 절정에 달해 있던 때였다. 장편인 『실종자』(『아메리카』)와 『소송』은 집필이 완료된 상태였고 「판결」 「변신」 「유형지에서」 「시골 의사」 등 그의 대표적인 중·단편소설은 책이나 잡지를 통해 이미 세상에 알려져 있었다. 이처럼 삶과 문학에서 원숙한 경지에 이른 시기에 그가 장문의 편지글을 통해 아버지를 상대로 이런 전대미문의 '소송'을 제기하였던 것은 의문이 아닐 수 없다. 이 글이 아버지를 향해 쓴 한 통의 편지라는 것은 명백한 사실로 보이지만 그는 이 글을 결코 아버지에게 보낸 적이 없으며 한 통의 편지로 읽기에는 글의 분량이 너무도 방대하다. 그런 점에서 이 글은 단순한 편지일 수만은 없고 오히려 편지글 형식의 색다른 문학적 시도로 보는 것이 타당할 것이다. 주제 면에서도 이 글은 카프카 문학의 중심적 테마라고 할 수 있는 부분과 밀접히 연관되어 있다. 또한 이 편지는 그가 남긴 그 어떤 글에서도 볼 수 없는 풍부한 자전적 내용을 담고 있다. 다른 편지나 일기 등에서도 그는 간간이 자신의 삶과 과거를 이야기하고는 있으나 대부분은 단편적이고 에피소드적인 것에 머무르고 있을 뿐, 이처럼 포괄적이고 상세하게 자신의 인생사를 이야기하고 있는 글은 없다.

카프카 문학의 난해성은 누구나 공감하고 누구나 언급하는 이야기일 것이다. 그의 작품들 곳곳에는 수수께끼 같은 형상이나 사건들이 수도 없이 등장하고 도무지 전체를 알 수 없는 미로들이 끝도 없이 깔려 있어서 그 속을 헤매며 걷고 있노라면 마치 꿈속을 가고 있는 듯하고 머릿속엔 크고 작은 물음표들이 끊임없이 떠오른다. 그래서 '수수께끼' '미궁' '신비'와 같은 말들은 그의 문학을 이야기할 때면 늘 따라다니는 상투적인 용어가 되어 그의 문학의 본질적인 한 부분을 이루고 있는 듯하다. 게다가 이제는 누구한테나 익숙해진 그의 창백하고 메마른 얼굴과 그 안에서 커다랗게 앞을 응시하고 있는 그의 진지하고 고독하고 몽상적인 눈빛은 그의 문학 세계에 신비감을 더해주는 또 다른 요소가 되어 그가 만들어낸 그로테스크한 형상들과 더불어 우리의 뇌리에 유령처럼 어른거린다.

이런 비현실적인 인상에도 불구하고 카프카의 문학은 명백히 현실을 응시하고 있다. 그의 문학적 상상력은 현실과의 긴장을 계속 유지한 채 현실의 주변적이고 표면적인 현상들을 넘어서 끊임없이 그 한복판의 본질적 핵심을 겨냥하는 존재론적 통찰을 전개하고 있다. 그가 속했던 현실은 20세기 초반 서구의 자본주의적 현실이었다. 그는 자본주의를 이렇게 말하고 있다. "자본주의는 종속의 체제이다. 즉 외부로부터 내면으로, 위로부터 아래로 진행되는 온갖 종속 현상들의 체제이다. 모든 것은 종속적이고, 모든 것은 사로잡혀 있다. 자본주의는 세계와 영혼의 한 상태이다." 카프카는 바로 이 '종속의 체제'가 개인의 영혼 속에 내면화되는 것에서 자본주의적 권력의 본질을 본 것이다. 이 내면적 종속성이 심화되는 과정에서 개인은 세계에 대해 적대적 관계를 갖게 되며 그 결과 필연적으로 세계로부터 점점 소외되고 고립되어 가는 체험을 반복하게 되고 자신의 내면 속으로 도피하는 길을 가지 않을 수 없다. 세계는 결코 총체적으로 인식될 수 없고 개인의 주관적 경향과 충동이 투사된 상으로만 인식될 뿐이다. 그 결과 개인의 의식은 끊임없이 자기 자신만을 발견하고 자신의 내면 속에 갇혀 출구 없는 절망적 상황에 처하고 만다. 거기에서 바로 현대인의 위기가 시작되고 카프카의 문학은 그로부터 비롯된 온갖 위기의 현상들에 대한 형상화이며 그 본질에 대한 성찰의 결과물이라고 할 수 있다. 카프카 문학의 주인공들은 대부분 그런 위기 속에서 무기력하게 파멸되어가는 모습을 보여주고 있다. 「소송」의 요제프 K.나 「성」의 측량사 K.가 그 대표적인 인물들이다. 그들은 각기 '법'과 '성'이라는 목표를 향해 부단히 접근해가려고 노력하지만 번번이 도중에서 좌절과 절망을 겪게 되고 목표에 의해 거부당한 채 파멸에 이르고 만다. 그때 그들이 도달하고자 하는 목표인 '법'과 '성'은 거기에 종속되어 있는 개인들을 맹목적으로 지배하는 거대한 사회적 메커니즘의 상징적 형상이라고 할 수 있고 그런 공허한 목표를 향한 그들의 노력은 필연적으로 무의미한 것일 수밖에 없다.

  카프카 자신의 삶에 있어서 '아버지'는 바로 그런 현실의 문을 지키고 서 있는 거인 같은 존재였다. 그에게 '아버지'는 늘 모든 사물의 척도였으며 가부장적 세계 질서의 대변자로 여겨졌다. 그는 이런 아버지와의 관계

속에서 지배-종속 메커니즘의 실체를 거듭 체험적으로 확인하면서 한편으로는 아버지의 체제에 대한 저항을 은밀히 모색하였고 또 한편으로는 그로부터의 탈출을 꿈꾸어왔다. 발터 벤야민도 이와 관련하여 '부자 갈등의 모티프'는 카프카의 작품에서 끊임없이 반복되어 나타나는 "불변의 상수(常數)"이며 카프카에게서 "관료 세계와 아버지의 세계는 동일한 세계"라고 지적하였다. 한편 정신분석학적 연구의 대변자들 역시 카프카와 그의 아버지 간의 이 독특한 관계에 주목하여 카프카의 문학 전체를 소위 '외디푸스 콤플렉스'의 관점에서 일관되게 분석해 내고자 하였다. 그들은 이 부자 갈등의 관계에서 자신들의 이론을 적용할 매우 적절한 모델을 보았고 누구도 풀 수 없었던 카프카 문학의 '수수께끼'를 풀어줄 결정적인 열쇠를 손에 쥐었다고 여겼던 것이다. 어쩌면 카프카 자신도 그런 해석의 가능성을 스스로 인정하고 있는 듯이 보인다. "저의 모든 글은 아버지를 상대로 해서 씌어졌습니다. 글 속에서 저는 평소에 직접 아버지의 가슴에다 대고 토로할 수 없는 것만을 토로해댔지요. 그건 오랫동안에 걸쳐 의도적으로 진행된 아버지와의 결별 과정이었습니다"(『아버지에게 드리는 편지』). 그러나 이 편지를 그가 원숙한 나이에 자신의 삶 전체를 반성적으로 굽어 보며 썼다는 사실을 떠올려볼 때 그 해석의 방향은 거꾸로 되어야 할 것이다. 즉 그의 작품 전체를 아버지에 대한 콤플렉스로부터 인과적으로 도출해내어 설명하는 방식이 아니라, 반대로 아버지에 대한 콤플렉스를 그의 작품으로부터 해석해내어 그것이 작가 개인의 차원을 넘어서는 초개인적 의미를 갖는 것임을 드러내는 방식이 되어야 올바른 방향이 될 것이다.

카프카는 아버지로부터 탈출하기 위해 그 자신이 아버지가 되는 길을 꿈꾸었다. 그것은 곧 '결혼'의 길이었는다. 결혼을 통해 가정을 이루고 그 자신도 아버지처럼 가장이 되어 아버지와 동등한 지위에 오를 수 있을 것으로 기대한 것이다. "결혼이란 분명 더없이 통렬한 자기해방과 독립에 대한 보장입니다. 결혼을 하면 저도 가정을 갖게 될 텐데, 가정이란 제 생각에 사람이 이룰 수 있는 최고의 것이지요"(『아버지에게 드리는 편지』). 그러나 그는 '결혼'에 대해 이런 환상을 품는 동시에 그 안에 잠복해 있을 위험스러운 요소들도 함께 감지하고서 금방 부정적인 자세로 바뀐다. 이런 식으로 그의 갈등은 거의 동시에 떠오르는 두 가지의 마음에서 비롯되어 그 둘 사이에 머무른 채 선뜻 어느 한쪽으로의 결단에 이르지 못하고 딜레마에 빠져 절망으로 증폭된다.『아버지에게 드리는 편지』에서도 밝히고 있듯이 결국 세 번에 걸친 그의 결혼 시도는 모두 실패로 끝나고 마는데, 그 이유를 그는 자신의 '결혼 무능력' 때문으로 판정한다. "그것은 제가 결혼할 수 있기에는 명백히 정신적으로 무능력하다는 점입니다. 그 점은 제가 결혼하기로 결심한 순간부터 더 이상 잠을 잘 수 없었다는 사실에서 잘 드러납니다. 밤낮으로 머리가 화끈 달아올랐고, 더 이상 생활이란 것을 할 수 없었지요."

아버지로부터의 탈출 시도는 번번이 이렇게 무산되었고 카프카는 끝내 아버지의 그늘을 벗어나지 못한 채 생을 마감하였다. 아버지의 그림자는 그만큼 짙었고 그의 작품 속 곳곳에까지 길게 드리워져 있다. '아버지'는 그가 평생을 두고 극복하고자 했던 깊은 상처인 동시에 그의 정신 세계를 끊임없이 엄습하였던 커다란 화두로서 그의 문학의 중요한 원천이 되었다. 그에 대해 이『아버지에게 드리는 편지』는 카프카 자신의 생생한 고백과 증언을 전하고 있다.

## 주

1 집회를 갖거나 예배를 드리는 유대교의 성당을 말함.
2 에거Eger 강 상류에 위치한 온천 휴양지.
3 카프카와 가장 친했던 막내 여동생. 맏이인 카프카는 아래로 세 명의 여동생(Elli, Valli, Ottla)이 있었고, 남동생 둘은 일찍 죽었음. 세 여동생 모두 나중에 2차 세계 대전중 다른 많은 친척들처럼 나치의 수용소에서 처형당한다.
4 1918년 셸레젠의 하숙집에서 알게 된 율리 보리체크Julie Wohryzek와의 약혼을 말함. 카프카는 다음해에 이 약혼을 취소한다. 그녀는 유대교 성당 관리인이자 가난한 구두 수선공의 딸.
5 카프카의 첫째 여동생 엘리의 남편.
6 카프카 어머니의 결혼 전 이름은 율리 뢰비Julie Löwy였음. 따라서 뢰비는 그의 어머니 쪽 집안 이름이며 카프카는 이 뢰비 가문의 사람들에 대해 특별한 애착을 가졌다.
7 카프카의 아버지는 세 명의 남자 형제와 두 명의 여자 형제가 있었다.
8 카프카의 둘째 여동생.
9 카프카의 조카로 여동생 엘리의 아들.
10 안마당을 향해 나 있는 발코니형 복도. 체코의 오래된 다가구 주택 건물에는 뒤쪽으로 안마당이 있고 그 마당을 따라 빙 둘러서 층마다 여러 가구가 공동으로 쓰는 이 파블라취Pavlač가 있다.
11 카프카의 매부로 여동생 발리의 남편인 요제프 폴락Joseph Pollak을 말함.
12 이디시Jiddisch라고 불려지는 동유럽 유대인들의 언어. 중세 독일어·히브리어·슬라브어 등이 뒤섞인 형태.
13 프라하에서 이디시어 연극을 공연했던 유대인 극단의 배우인 이츠하크 뢰비Jizchak Löwy를 말함. 1911년 처음 알게 된 이후 카프카와 오랫동안 가깝게 지내게 되는데 그와의 친교는 카프카가 유대교 신앙과 문화 Judentum에 몰두하게 되는 한 계기가 됨.
14 '개와 함께 눕는 자는 벼룩과 함께 일어난다'는 속담. 천한 무리와 어

울리면 거기에 물들게 마련이라는 뜻.
15 카프카의 첫째 여동생.
16 1916~17년 겨울, 카프카는 여동생 오틀라가 세든 알키미스텐개스헨 Alchimistengäßchen(프라하 성 안의 작은 길 이름)의 작은 집에서 살았다. 이곳에서 그는 폐병을 앓기 시작했고 작품집「시골 의사 Ein Landarzt」(1919)에 실리게 될 대부분의 작품들을 썼다.
17 남부 보헤미아 지방의 소도시. 체코는 크게 동서 두 지역으로 나눌 때 서쪽의 보헤미아 지방(프라하 중심)과 동쪽의 모라비아 지방(올로모우츠 중심)으로 되어 있다.
18 취라우 Zürau는 북서 보헤미아의 작은 마을. 오틀라는 그곳에 있는 형부의 농장에 가서 농사일을 한다. 이어서 카프카도 폐결핵 진단을 받은 후 회사로부터 병가를 얻어 그곳에서 1917년 9월부터 이듬해 봄까지 오틀라와 함께 지낸다.
19 카프카의 아버지는 프라하의 중심가에서 우산, 양산, 지팡이, 장신구, 재봉 용품, 패션 용품 등을 파는 잡화점을 경영했다.
20 'Assicurazioni Generali' : 이탈리아계 보험회사. 법학박사 학위 취득(1906) 후 이듬해에 얻게 된 그의 첫 정식 직장. 그러나 회사의 근무 조건 등에 불만을 느끼던 그는 채 일 년도 안 되어 이 회사를 그만두고 다른 보험 회사로 직장을 옮긴다(1908). 그곳이 바로 그의 평생 직장이 된 '근로자 상해 보험 회사'이다.
21 1893년~1901년. 카프카는 독일어로 수업하는 프라하의 왕립 김나지움에 다녔다.
22 펠릭스 Felix와 게르티 Gerti는 엘리와 카를의 아들과 딸.
23 소설『소송 Der Prozeß』(1914)의 마지막 문장도 바로 이와 비슷한 표현으로 되어 있다.
24 십계명이 새겨진 석판이 들어 있음.
25 유대교에서 모세 오경(五經)을 가리키는 말로 대개 두루말이 형태로 되어 있음.
26 기독교의 견진성사쯤에 해당하는 행사로 사내 아이는 13세 때, 계집 아이는 12세 때 치름. 그때 아이들은 가정과 공동체에서 지키고 행해야 할 의무를 전수받게 됨.

27 출애굽을 기념하는 유대교의 축제. 저녁때 가족들끼리 효모를 넣지 않은 빵과 함께 어린 양이나 어린 염소를 잡아먹는 풍습이 있음.
28 아들과의 갈등이나 마찰을 말함.
29 유대교에 관한 것들.
30 1917년 3월, 카프카는 프라하 성 위의 오틀라의 방에서 내려와 성 아래의 이 쇤보른 궁 Schönborn-Palais 안으로 방을 옮긴다. 이 궁은 18세기 때의 한 백작이 살던 곳으로 당시엔 임대 주택으로 쓰였다.
31 김나지움의 졸업 시험이면서 동시에 대학 입학 자격 시험.
32 카프카는 모두 세 번의 약혼을 하고 세 번 다 파혼을 한다. 두 번은 펠리체 바우어와의 약혼이었고(1914년, 1917년), 마지막은 율리 보리체크와의 약혼이었다(1919년). 이 편지는 보리체크와의 약혼이 있고서 몇 달 후에 쓰어진 것이고 파혼은 그 이후의 일이다. 〔주 1)번과 5)번 참조〕
33 1919년까지의 이름. 오늘날에는 '공화국 광장'이라 불려짐.
34 사창가의 매춘 경험을 의미함.
35 사창가 출입을 말함.
36 Felice Bauer(펠리체 바우어)의 약자. 그녀는 베를린의 한 여사원으로 1912년 카프카와 첫 만남 이후 1917년 두번째 파혼 때까지 서로 500여 통의 편지와 엽서를 주고받았음.
37 "손에 쥔 참새가 지붕 위의 비둘기보다 낫다"는 속담. '불확실한 것을 추구하느니 작지만 확실한 것으로 만족하는 것이 낫다'는 뜻.